教育部人文社会科学研究"新工科"背景下的应用型本科建设发展路径研究（18YJA880053）项目资助

新建地方应用型本科高校发展路径研究

刘 佳 吕健伟 陈 伟 刘 琳 著

燕山大学出版社

·秦皇岛·

图书在版编目（CIP）数据

新建地方应用型本科高校发展路径研究 / 刘佳等著. —秦皇岛：燕山大学出版社，2023.6
ISBN 978-7-5761-0070-9

Ⅰ.①新… Ⅱ.①刘… Ⅲ.①地方高校－发展－研究－中国 Ⅳ.①G649.21

中国版本图书馆 CIP 数据核字（2023）第 131069 号

新建地方应用型本科高校发展路径研究
XINJIAN DIFANG YINGYONGXING BENKE GAOXIAO FAZHAN LUJING YANJIU

刘　佳　吕健伟　陈　伟　刘　琳　著

出 版 人：陈　玉			
责任编辑：张　蕊		策划编辑：张　蕊	
责任印制：吴　波		封面设计：吴　波	
出版发行： 燕山大学出版社 YANSHAN UNIVERSITY PRESS		电　　话：0335-8387555	
地　　址：河北省秦皇岛市河北大街西段 438 号		邮政编码：066004	
印　　刷：涿州市般润文化传播有限公司		经　　销：全国新华书店	
开　　本：710 mm×1000 mm　1/16		印　　张：10.75	
版　　次：2023 年 6 月第 1 版		印　　次：2023 年 6 月第 1 次印刷	
书　　号：ISBN 978-7-5761-0070-9		字　　数：180 千字	
定　　价：49.00 元			

版权所有　侵权必究

如发生印刷、装订质量问题，读者可与出版社联系调换
联系电话：0335-8387718

前　言

2015年10月，教育部、国家发展改革委、财政部印发《关于引导部分地方普通本科高校向应用型转变的指导意见》（教发〔2015〕7号），明确指出："以改革创新的精神，推动部分普通本科高校转型发展。"随后，党和国家出台了一系列政策措施，不断推进应用型本科高校的建设发展。截至目前，全国各地都有地方本科高校走在转型发展的道路上。

应用型本科高校因其"应用型、地方性、重特色"的固有特征，在转型发展的道路上需要明确办学定位、转变办学方式、突出办学特色。只有解决了这些关键问题，应用型本科高校才能厘清自己该往哪里转、怎么转。

本书围绕新建地方应用型本科高校，从制度、师资、实习实训、学科、课程、产教融合、创新创业等方面进行了深度分析，从建设内涵、建设内容到问题与对策，从宏观、中观到微观，多维度、多层次地切入问题，提出应对策略。

本书以高校"人才培养"为核心问题，为解决"为谁培养人、培养什么人、怎么培养人"的问题，从高校管理者、教师、学生、企业、社会等多个视角讨论人才培养问题，重点分析人才培养过程中涉及的一系列问题，如：师资、实习实训、产教融合、课程等，并针对问题展开讨论，给出适当的应对策略。

本书依托于教育部社会科学研究项目，是"新工科背景下应用型本科建设发展路径研究"的课题研究成果。

本书的完成单位有天津职业技术师范大学、河北环境工程学院、天津中德应用技术大学、秦皇岛职业技术学院，本书还得到了兄弟院校上海立信会计金融学院的大力支持和帮助，在此表示衷心的感谢。

目 录

第1章 绪论 ... 1
1.1 研究背景、目的和意义 ... 1
1.2 现状分析 ... 3
1.2.1 应用型本科教育发展历程 ... 3
1.2.2 应用型本科高校发展特征 ... 8
1.3 应用型本科高校发展面临的问题与挑战 ... 11
1.4 新建应用型本科高校发展应对策略 ... 12

第2章 地方普通本科高校转型发展的理论基础 ... 15
2.1 转型发展的内涵 ... 15
2.1.1 背景及意义 ... 15
2.1.2 指导思想和主要思路 ... 17
2.1.3 关键问题和主要任务 ... 19
2.2 转型发展的主要内容 ... 20
2.2.1 办学定位 ... 20
2.2.2 办学模式 ... 23
2.2.3 办学特色 ... 24
2.2.4 服务地方 ... 25
2.2.5 知识应用 ... 26
2.3 转型发展的动力 ... 27
2.3.1 内源动力 ... 28
2.3.2 外源动力 ... 29

2.4 转型发展的保障 ·· 33
　2.4.1 内部保障 ·· 33
　2.4.2 外部保障 ·· 34
2.5 小结 ·· 35

第3章　新建地方应用型本科高校的制度建设 ············ 37
3.1 制度体系建设的意义和作用 ······································ 37
　3.1.1 制度体系建设的意义 ······································ 37
　3.1.2 制度体系建设的作用 ······································ 39
　3.1.3 应用型本科高校制度体系架构 ······························ 40
3.2 教学管理制度建设 ·· 41
　3.2.1 教学管理制度存在的问题 ·································· 42
　3.2.2 教学管理制度的构建策略 ·································· 44
3.3 科研管理制度建设 ·· 46
　3.3.1 科研管理制度存在的问题 ·································· 47
　3.3.2 科研管理制度的构建策略 ·································· 50
3.4 人才管理制度建设 ·· 53
　3.4.1 人才管理制度存在的问题 ·································· 53
　3.4.2 人才管理制度的构建策略 ·································· 55
3.5 学生管理制度建设 ·· 56
　3.5.1 学生管理制度存在的问题 ·································· 57
　3.5.2 学生管理制度的构建策略 ·································· 58
3.6 小结 ·· 59

第4章　新建地方应用型本科高校的师资队伍建设 ········ 61
4.1 "双师双能型"教师队伍建设的意义 ······························ 61
　4.1.1 有利于实现应用型本科高校的发展 ·························· 62

4.1.2 有利于提升教师队伍的整体专业素养 …… 62
　　4.1.3 有利于培养学生的实践能力和综合素养 …… 63
4.2 "双师双能型"教师队伍建设指导思想 …… 63
4.3 "双师双能型"教师队伍建设存在的问题 …… 64
　　4.3.1 对"双师双能型"教师队伍建设的形式大于内涵 …… 64
　　4.3.2 教师主动成为"双师双能型"教师的意识不强 …… 65
　　4.3.3 "双师双能型"教师队伍培养机制尚未完善 …… 66
4.4 "双师双能型"教师队伍构建策略 …… 66
　　4.4.1 宏观策略 …… 67
　　4.4.2 中观策略 …… 68
　　4.4.3 微观策略 …… 69
4.5 "双创"教师教学能力提升策略 …… 70
　　4.5.1 "双创"教育对教师素质能力的要求 …… 70
　　4.5.2 "双创"教育面临的师资问题分析 …… 72
　　4.5.3 "双创"教师教学能力提升策略 …… 73
4.6 小结 …… 75

第5章 新建地方应用型本科高校实习实训基地建设 …… 77
5.1 研究背景和意义 …… 77
5.2 实习实训基地建设原则与模式 …… 78
　　5.2.1 实习实训基地建设原则 …… 78
　　5.2.2 实习实训基地建设模式 …… 80
5.3 实习实训基地建设的主要内容 …… 81
　　5.3.1 人才队伍管理 …… 82
　　5.3.2 设施设备管理 …… 83
　　5.3.3 教科研平台管理 …… 83
　　5.3.4 制度管理 …… 84

5.3.5 课程管理 ··· 85
　　5.3.6 学生管理 ··· 85
 5.4 实习实训基地建设的问题及其对策 ······························ 86
　　5.4.1 实习实训基地建设存在的问题 ··························· 86
　　5.4.2 实习实训基地建设问题的对策 ··························· 88
 5.5 小结 ··· 90

第6章　新建地方应用型本科高校产教融合发展 ················ 91
 6.1 产教融合的基本内涵 ··· 92
　　6.1.1 产教融合的指导思想 ······································ 93
　　6.1.2 产教融合的基本原则及目标 ······························ 95
 6.2 产教融合的角色定位 ··· 95
 6.3 产教融合的发展格局 ··· 97
 6.4 新建地方应用型本科高校产教融合发展 ······················ 99
　　6.4.1 应用型本科高校产教融合现状 ···························· 99
　　6.4.2 应用型本科高校产教融合瓶颈 ··························· 100
　　6.4.3 应用型本科高校产教融合应对方案 ······················ 102
 6.5 小结 ·· 104

第7章　新建地方应用型本科高校学科建设发展 ················ 106
 7.1 学科建设的基本内涵 ··· 106
　　7.1.1 学科建设指导思想和工作原则 ··························· 106
　　7.1.2 学科建设内涵 ·· 108
 7.2 应用型本科高校学科建设的主要内容 ······················ 112
　　7.2.1 学科建设存在的问题 ····································· 112
　　7.2.2 学科建设的主要内容 ····································· 114
 7.3 应用型本科高校学科建设策略 ······························ 116

7.3.1 学科建设策略 …… 117
7.3.2 学科建设的重点工作分析 …… 120
7.4 小结 …… 122

第8章 新建地方应用型本科高校课程建设 …… 124
8.1 课程建设的基本内涵 …… 124
8.1.1 课程建设理念 …… 125
8.1.2 课程建设目标 …… 125
8.1.3 课程建设的基本要求 …… 126
8.2 课程建设的主要内容 …… 128
8.2.1 教师队伍建设 …… 128
8.2.2 教学内容建设 …… 128
8.2.3 教学条件建设 …… 129
8.2.4 教学方法建设 …… 130
8.2.5 课程教材建设 …… 130
8.2.6 教学效果评价 …… 131
8.2.7 课程群建设 …… 132
8.3 课程思政建设 …… 132
8.3.1 课程思政建设目标 …… 133
8.3.2 课程思政建设内容 …… 134
8.3.3 课程思政建设主要问题 …… 135
8.3.4 课程思政建设主要策略 …… 136
8.4 小结 …… 138

第9章 新建地方应用型本科高校创新创业发展 …… 140
9.1 创新创业教育内涵 …… 141
9.1.1 创新创业教育目标 …… 141

9.1.2 创新创业教育本质 …………………………………………… 144
9.2 创新创业教育的主要问题及其对策 ………………………………… 144
 9.2.1 创新创业教育的主要问题 …………………………………… 145
 9.2.2 解决创新创业教育问题的对策 ……………………………… 146
9.3 创业模式 ……………………………………………………………… 148
9.4 创业指导 ……………………………………………………………… 150
 9.4.1 政策指导 ……………………………………………………… 150
 9.4.2 导师指导 ……………………………………………………… 151
9.5 大学生创业服务 ……………………………………………………… 153
9.6 小结 …………………………………………………………………… 154

参考文献 ………………………………………………………………… 155

第1章 绪　论

1.1 研究背景、目的和意义

进入20世纪80年代以后，国际高教界逐渐形成了一股新的潮流，那就是普遍重视实践教学、强化应用技术型人才培养。国内诸多高校近年来也纷纷在教育教学改革的探索中注重实践环境的强化，因为人们已越来越清醒地认识到，实践教学是培养学生实践能力和创新能力的重要环节，也是提高学生社会职业素养和就业竞争力的重要途径。

回忆高等教育的发展历程，改变是巨大的。新中国成立之初，全国人口中80%为文盲。文化水平过低，成为民族发展进步的主要阻碍。当时，高等教育毛入学率仅有0.26%；改革开放初期，高等教育毛入学率仅有1.55%；而到了2019年，教育部宣布，我国已建成世界上规模最大的高等教育体系，高等教育毛入学率达到48.1%；2021年，高等教育毛入学率为57.8%。改革开放以来，中国高等教育发生了质的改变，实现了历史性转折。高等教育逐渐进入普及化阶段，这意味着教育正在"从后大众化阶段向普及化阶段迅速迈进"。在此进程中，应用型本科大学的崛起功不可没。

应用型本科，是指以应用技术类型为办学定位，而不是以学术型为办学定位的普通本科高校，是相对、区别于学术型本科的本科类型。应用型本科教育对于满足中国经济社会发展对高层次应用型人才的需要，以及推进中国高等教育大众化进程起到了积极作用。

应用型本科，是对新型的本科教育和新层次的高职教育相结合的教育模式的探索，由部分省属普通本科高校与国家级示范性高等职业学校、国家大型骨干企业联合试点培养适应社会经济发展需求的应用技术型本科专业人才。

众所周知的扩招使中国高等教育在短期内实现了跨越式发展，同时也带来了毕业生就业问题。与此同时，人力资源市场的相关数据显示：众多企业招不到所需的人才，众多毕业生找不到理想的工作。这一矛盾的根源便是大学培养的人才与产业需求不适应，人才培养存在结构性失衡——学术型人才过剩而应用型人才严重缺乏。为了解决人才培养与经济社会发展需求不匹配的问题，国内的大学在向应用型本科大学发展的道路上，借鉴过苏联模式、德国模式，并且解决了培养方案及计划上的问题。但是，由于国情的不同，以及对应用型大学办学理念理解的不同，各个高校在发展的过程中不断地遇到新的问题，主要表现如下。

（1）过于依赖政府或管理制度，缺乏实践探讨，忽视市场调节能力及社会的实际需求，没有及时获取市场需求的能力甚至意识，市场需求不能及时反映在其发展规划和行动上，进而落实不到人才培养方案、学科建设等具体事项上来。

（2）多数现有应用型本科高校是由普通本科转型而来，对转型发展的本质认识不清，观望等待、行为被动，动力明显不足。即使部分高校走升格高职院校发展的路径，依然不能分清楚技能和技术的区别，没有技术标准，人才培养出现了"两不靠"现象，既不能像传统本科那样重理论，也没能像高职院校那样重实践。

（3）在动力不足、技术标准缺乏的前提下，内涵建设达不到一定的高度。虽然全国各地都开始了转型发展试点高校的建设，但是通过实际案例的调研发现，许多高校的评价制度改革、"双师型"队伍建设、课程建设和教科研及平台建设等方面，都存在一定的"面子工程"，许多内容是为了评估指标而设定的。

（4）缺少完整的建设规划。许多高校在单个建设内容方面（例如师资培养）也没有完整的转型建设规划，很多工作操之过急，缺少寻找自己学科特色、特点的过程，直接复制转型发展走在前面的学校的建设方案，没有调研、取证过程，直接导致制定的制度没有实施过程、布置的工作没有执行人、拨付的经费花不到点子上，改革没有成效。

上述问题在应用型本科高校的发展过程中普遍存在，一部分原因是符合应用型大学发展需要的资源和条件匮乏，硬、软件都跟不上发展的节奏。没有资源平台就没有人才依托，科技创新和服务能力就不足，也就无法展开相应的工作。另一部分原因则是解决问题的方法和手段不适用于高校自身转型发展工作。同样的问题、同样的条件，有的能够顺利过渡，有的成了瓶颈。如果说资源与条件更多由财力决定，那不同解决问题的方式就成了改变高校转型的关键，即如何找到应用型本科高校发展的有效路径是决定地方普通本科高校转型成功的关键。

本研究旨在通过寻找应用型本科高校发展的有效路径，从教学、科研、师资、学生、实习实训、产教融合等多方面阐述现存问题及解决方案。

1.2 现状分析

应用型大学的出现与发展始于近代欧美国家，而国内应用型本科大学是改革开放以后出现的新型大学。应用型本科大学的特征体现为"四个为主"："以培养应用型人才为主""以培养本科生为主""以特色教学为主""以服务地方为主"。所以，应用型本科大学特指改革开放后新建的或转型升级的、体现上述"四个为主"的新型大学。

推动普通本科高校向应用型高校转变，是党中央、国务院的重大决策部署，是教育领域人才供给侧结构性改革的重要内容。《中华人民共和国国民经济和社会发展第十三个五年规划纲要》明确提出："推动具备条件的普通本科高校向应用型转变。"《国家职业教育改革实施方案》（国发〔2019〕4号）进一步提出"一大批普通本科高等学校向应用型转变"的发展目标。近几年来，教育部通过部门协同、部省合作、产教融合等方式，持续推动转型改革向政策保障、深度转型、示范引领迈进，真正将应用型人才的培养面向需求、面向服务地方。

1.2.1 应用型本科教育发展历程

改革开放以来，我国应用型高等教育的发展可分为三个阶段，经历了一个由少到多、由点到面、由浅入深、自下而上的发展过程。在整个发展进程中，人才培养不再是跟着重点大学搞研究、学着职业教育搞应用，而是逐步转向了技术应用型，明确了应用型本科大学的定位，有了自己的学科特色，能够服务地方，迎合社会需求。

1.起步阶段：改革开放至20世纪90年代中叶

（1）阶段任务：应用型人才培养模式的探索。包括部分新型大学培养应用型人才的模式和高等职业教育培养应用型人才的模式。

（2）时期特征：教育事业相对落后，与国民经济发展不适应，人才极度短缺。

（3）教育发展现状：

1977年恢复高考以后，大学的办学规模依然很小，大学教育属于精英型教育。1978年，天津率先向中央申请依托已有大学举办分校，招收本地生源。经中央批准后，天津先后创建了10所左右的大学分校。后来，北京借鉴天津经验，也创建了36所大学分校。尽管办学条件不足，但大学分校在学制与课程标准上与校本部基本一致。由于这些大学分校举办的是本科层次教育，而且以服务本地经济为主，强调培养应用型人才，有学者将这些大学分校视为我国应用型本科大学的开端。

20世纪80年代，为适应改革开放的新形势，汕头大学、深圳大学等地方中心城市举办的新大学破土而出。这些新大学从诞生伊始就以服务地方、培养应用型本科人才为追求。如创建于1983年的深圳大学，尽管得到了北大、清华等名校的对口支援，但创校校长张维不以复制北大、清华为目标，而是要办成一所以应用为特色的特区大学。因此，深圳大学早期创办的不少专业都冠以"应用"两字，如应用数学、应用物理、应用化学等。这一时期，尚无"应用型本科"的概念，中央也没有相应政策推动这一工作。地方政府通过举办大学分校和新大学来培养服务于地方的应用型人才，更多是受地方经济建设的驱动，是一种地方自发性行为。尽管如此，大学分校和中心城市新大学的创建，意味着应用型本科大学雏形的萌动，特别是深圳大学等新大学针对应用型本科人才的探索，为后来应用型本科大学的发展提供了最初样本。

1985年《中共中央关于改革教育体制的决定》（以下简称《决定》）的颁布，标志着我国教育事业进入全面改革的新阶段。《决定》提出："为了调动各级政府办学的积极性，实行中央、省（自治区、直辖市）、中心城市三级办学的体制。"1993年发布的《中国教育改革和发展纲要》（以下简称《纲要》）提出："实行多种形式办学，培养多种规格人才"，强调高等教育要重点发展应用型学科和专业，要重视培养社会主义建设急需的高层次应用型和复合型人才。上述重要文件的出台，直接促进了应用型本科大学模式的形成，应用型学科和应用型人才在国家政策层面得到重视，使应用型本科大学有了实质性的办学内涵与方向。与此同时，国内高教研究界开始研讨应用型本科、应用型本科大学的概念及相关理论问题。较早的论文出现在 1998 年，如肖国安的《准确定位 突出特色——应用型工科大学办学思考》、龚震伟的《应用型本科应重视创造性的培养》、程勉中的《谈应用型工程本科的改革思路》等。其中，肖国安的论文将其所在学校定位为"应用型"。在国家政策和学术研究的共同推动下，具备前述"四个为主"特征的高校陆续创建，应用型本科大学模式初步形成。据不完全统计，1985 年《决定》颁布后，宁波大学、五邑大学等 20 多所具有鲜明应用型本科特征的大学陆续在沿海地区及内陆中心城市创建。1993 年《纲要》颁布后，更是掀起应用型本科大学创建高潮。除新建高校外，一批 20 世纪 80 年代创建的短期职业大学陆续升格为本科层次的应用型大学。至 1999 年高校扩招前，符合或基本符合应用型本科大学特征的高校超过 100 所。值得注意的是，中外合作办学也成为应用型本科大学的新模式。1992 年，根据中德两国政府的合作办学需要，杭州应用工程技术学院正式诞生，这是借鉴德国应用技术大学模式进行应用型本科人才培养的试点高校，也是改革开放以来最早在校名中含有"应用"一词的本科高校。

2. 发展和扩张阶段：20 世纪 90 年代中后期至 21 世纪 10 年代初期

（1）阶段任务：部分地方本科高校对应用型本科和应用型大学的探索。

（2）时期特征：有了明确的目标——"应用型本科"建设，有了国家相关政策的支持，有了许多学者研究的理论基础。

（3）教育发展现状：

1992 年，杭州应用工程技术学院，作为中德政府合作培养应用型人才试点高校，被称为"应用型本科"。经过几年教学实践，初步形成应用型本科教育模式。1998 年，湘潭工学院办学定位为"应用型工科大学"，此后，湖北三峡学院也对建设"综合性应用型本科高校"进行了探索。

1999年1月，国务院批转教育部《面向21世纪教育振兴行动计划》，第一次明确提出到2010年高等教育"入学率接近15%"的战略目标，正式吹响了实现高等教育大众化的战斗号角。2000年，一批20世纪90年代后期被教育部遴选确定的"全国示范性高等工程专科重点建设学校"合并升本，将建设"高水平应用型工程大学"作为办学定位和发展目标。此后连续十几年的高等学校大扩招，为应用型本科大学发展提供了前所未有的良机。为了应对高等教育大众化的需要，一批本科高校被创建，大批专科层次的地方高校升格为本科高校。由于这些高校多定位于"应用型"和"地方性"，被学界统称为"新建本科高校"。至2013年，新建本科高校达600多所。这一时期有两类特殊的应用型本科大学：一类是依托公办大学创建的独立学院，如浙江大学城市学院、厦门大学嘉庚学院、吉林大学珠海学院、燕山大学里仁学院等，数量最多时达到360多所（2003年）；另一类是由民办专科高校升格而成的民办本科高校，如黄河科技学院、西安外事学院、广东白云学院等。截至2013年，民办本科高校达到95所。这一时期，"应用型本科"不再是单纯的学术概念，而是教育决策层关注的重要改革。2001年，教育部在长春召开了"应用型本科人才培养模式研讨会"。2002年，在教育部支持下，"全国工程应用型本科教育协作组"正式成立。2009年，安徽省内十几所新建本科高校率先组成了国内第一个省级应用本科高校联盟——"安徽省应用型本科高校联盟"。后来，四川、浙江、湖北、山西、吉林、广西、云南等省份相继成立了省级应用型本科高校联盟。2013年，全国应用技术大学（学院）联盟在天津正式成立。

至此，部分工程应用型新建本科高校开始对"应用型本科"建设进行有组织的探索，并且出现了部分地方本科高校百花齐放式的自发探索。随着高等教育大众化的快速推进，一些高校纷纷走上探索应用型高等教育的道路。

3. 转型和示范阶段：21世纪10年代中后期至今

（1）阶段任务：部分普通本科高校对应用型本科和应用型大学的探索。

（2）时期特征：有了明确的人才培养的服务对象，有了相对成熟的办学模式和校企合作模式。

(3)教育发展现状：

2010年，《国家中长期教育改革和发展规划纲要》激励了更多高校投身于应用型高等教育。2011年，高等职业院校人才培养工作评估，为职业技能型人才的培养明确了定位和发展方向。2012年，新一轮本科教学工作合格评估启动，为地方本科高校科学定位指明了方向。2013年，教育部启动"应用技术大学改革试点战略研究"工作，促进地方本科高校向应用技术大学（学院）转变。同年，天津职业技术师范大学、黄淮学院等35所高校发起成立了"应用技术大学（学院）联盟"。

2014年至今，部分普通本科高校在政策引导下开始了向应用型大学转变的探索。其中，多个省份开始设定转型示范试点，给予相应的资金和政策支持。2014年1月，教育部地方本科高校转型发展座谈会在驻马店召开，就深化产教融合、校企合作进行了总体部署，进一步推进了地方高校的转型发展。2014年2月，国务院常务会议部署加快构建现代职业教育体系，引导一批普通本科高校向应用技术型转变。2014年4月，首届"产教融合发展战略国际论坛"在驻马店开幕，178所高校共商"转型发展"和"建设中国特色应用技术大学"，发布了《驻马店共识》，论坛以"建设中国特色应用技术大学"为主题，旨在通过建立教育界、产业界、学术界与各级政府共同参与的中国教育改革创新和全球教育合作交流平台，推动一批本科高校培养产业转型升级急需人才，探索解决高校毕业生就业难和企业高层次技术技能人才紧缺的结构性矛盾问题，形成适应经济社会发展需求的人才结构。

2015年，教育部、国家发展改革委、财政部共同印发《关于引导部分地方普通本科高校向应用型转变的指导意见》，进一步明确了办学指导思想、基本思路、主要任务以及配套政策和推进机制，为处在转型发展初期的高校提供了理论依据。

2017年，《教育部关于"十三五"时期高等学校设置工作的意见》提出以人才培养定位为基础，将我国高等教育分为研究型、应用型和职业技能型三类。意见明确了高校办学定位、服务面向，并要求高校在主要学科专业布局和办学规模的基础上，紧密对接区域发展战略和产业布局，教育资源向区域中心城市倾斜，全面服务地方经济发展，为在升本以后处于转型发展迷茫期的部分职业技能型高校指明了前进的方向。

2019 年，国务院印发《国家职业教育改革实施方案》，指明了新时代职业教育办学定位，强调"到 2022 年，职业院校教学条件基本达标，一大批普通本科高等学校向应用型转变，建设 50 所高水平高等职业学校和 150 个骨干专业（群）"。至此，更加明确了应用型高校和职业型高校的区别与联系。

2019 年开始，教育部每年遴选一批产教协同育人企业以及项目，之后陆续出台了相关的财政支持办法，为鼓励应用型本科转型发展提供了应用平台。

截至 2021 年 9 月 30 日，全国高等学校共计 3012 所，其中普通高等学校为 2756 所（本科 1270 所、专科 1486 所）、成人高等学校为 256 所。根据 2021 年教育事业统计数据结果显示，普通本科在校生为 1893.10 万人。应用型本科高校是我国高等教育体系不可或缺的重要组成部分。在人才培养规模上，应用型本科高校规模巨大，对于一个人口规模巨大的国家来说，其重要性毋庸置疑。我国要建设高等教育强国，建设具有中国特色、世界一流水平的高等教育体系，实现高等教育现代化，助力中国式现代化，迫切需要地方应用型本科高校与其他类型的高校共同发力、协同发展、全面提高。

1.2.2 应用型本科高校发展特征

应用型本科高校主要有两种类型：新建应用型本科高校和转型高校。其中转型高校包括升格的职业专科院校以及普通本科高校。欧美应用型大学的建设，大致有新建、合并升格中等专业或职业学校两条路径。而中国应用型大学的建设，则是通过"引导部分普通本科高校转型"来推进的。之所以选择转型普通本科高校而非新建大学或升格高职院校的路径，原因有三：一是中国大学的数量已能满足公民的高等教育需求，无需再新建大学；二是高职院校条件不成熟且容易引发新一轮大规模的更名升格竞赛；三是政府希望通过转型部分高校来引发所有本科高校的组织重构，增强应用型人才培养意识和能力。在转型发展的过程中，不同类型的高校显现出不同的发展特点。

1. 新建应用型本科高校

（1）区域（行业）性特征的服务面向更加突出

无论国外还是国内，新建本科高校多为地方性高校，地处非省会城市的居多。这类高校自筹办开始便有明确的办学定位和发展目标，尤其是对于有着具体实业的城市来说，为区域（行业）服务的办学定位尤为突出，完全符合教育部2017年《教育部关于"十三五"时期高等学校设置工作的意见》中提出的紧密对接地方经济的总指导思想。有了清晰的办学定位，学校在服务面向、学科专业设置和毕业生就业等方面就会体现出明显的区域（行业）特色，并更注重为区域（行业）发展发挥人才培养、应用技术开发作用。

（2）师资结构更符合"双师、双能"要求

"双师双能型"教师，是指具备"双师双能型"要求的应用型教师，即教师、工程师等资格兼具，教学能力、实践能力兼备的教师。

完全新建的应用型本科高校，在人才招聘过程中，可以制定完整的"双师双能型"教师要求，直接对接行业和区域人才需求，甚至启用大量的外聘教师来解决一开始师资力量不足的问题。对于有能力进行理论讲解并指导实践的教师，更是以多种形式进行聘用，可避免原有教师转型带来的问题，以保证目标明确、操作方便、能力诉求完整。这样的师资结构可以完全满足应用型技术人才培养的要求，同时降低了教师在转型发展过程中的成本。

（3）生源的学习能力相对平均，就业目标明确

新建应用型本科高校的地方特征明显，生源以地方为主。学生对学校的了解深入，对自己的定位清楚，甚至对自己未来的发展规划有相对明确的想法，这完全区别于普通本科高校的学生。普通本科高校，无论是在转型前还是在转型后，都强调多元化培养，这使得一些学生对未来的发展规划不够明确，认为多元化就是指毕业后有考研、就业等不同发展路线，这样的想法是不够清晰的。而新建应用型本科高校的多元化培养强调让学生在未来职业发展道路上适应不同的岗位。当然，学校和教师会根据学生的能力进行分层次培养，但总的定位目标不会改变。

(4) 行政管理、一线教师等员工需要时间磨合

由于学校完全新建，在新建初始的几年中，所招聘的人员可能来自各行业或高校，这些人员的办学理念以及对应用型本科建设的定位、人才培养模式等的认识或多或少存在不同，这可能在后期的学科、专业建设中存在磨合上的问题。这个时候就需要学科带头人、专业带头人发挥好引领作用，通过实际业务和项目的开展，使团队成员统一思想、提高认识、增强凝聚力。

2. 转型为应用型的本科高校

（1）综合性学校偏多，学科较杂，行业性不明显

在转型应用型高校中，综合性质的高校占比较高，学科跨度范围较广，特色性不明显。一部分行业高校能够较好地回避这个风险，而多数高校需要在转型发展的过程中，不断提炼学科、专业特色，提高创新能力，并能够将不同学科和专业进行较好的交叉融合，建设好专业群，形成产业链，服务好地方经济。

（2）师资结构不统一，技术型人才缺乏

应用型本科就是应用技术型本科，是把传授应用技术作为办学定位，以满足经济社会发展对高层次应用型人才的需要。职业本科就是为生产、建设、服务和管理第一线培养应用技术型和职业技能型人才。

转型前有普通本科和职业专科，前者偏向理论型、后者偏向技能型，唯独缺少技术型人才。

（3）行政管理、一线教师等员工配合度较高

在转型应用型高校中，学校的教师已共事几年、十几年、二十几年，甚至更长时间，大家的默契度较高，在问题的认识上容易趋于一致，所以在统一思想上不存在太大问题，配合度较高。

本书中所强调的"新建地方应用型本科高校"包括全新建立的应用型高校和由非应用型高校转型而成的应用型高校。

1.3 应用型本科高校发展面临的问题与挑战

基于我国国情开展的应用型本科高校建设，自步入第三个阶段以来，遭遇了更多的问题与挑战，体现在认识观念、规章制度、行政管理、学科发展、人才师资、实验实训和产教融合等方方面面。在此，就普遍存在且较为突出的问题加以分析。

1. 技术标准缺失，评价体系不健全

依据教育部 2017 年发布的《关于"十三五"时期高等学校设置工作的意见》，我国高等教育总体上可分为研究型、应用型和职业技能型三大类。这是我国高等教育分类体系构建的重大进展，但应用型高校的定位、发展目标及评价标准等是不明确的。以高校设置标准为例，《普通本科学校设置暂行规定》为包括转型高校在内的普通本科高校提供了基本的建设标准。然而，这些标准基本上是以学术为导向的，在其框架下，相关转型高校仍会沿着学术型高校发展的轨道发展。没有基本的技术标准，应用型高校的建设就没有具体目标，普通高校的转型发展也就没有了依据。

构建应用型大学的设置标准与评价体系势在必行。我国先后制定了《高等职业学校设置标准（暂行）》（2000 年）和《普通本科学校设置暂行规定》（2006 年），分别为高职院校和普通高校提供了明确的设置和运行标准。随着应用型高校和职业本科高校的出现，教育部应尽快修订高校设置办法，需涵盖所有类型高校。可以制定应用型高校设置标准，也可以在《普通本科学校设置暂行规定》的基础上，建构具有包容性的普通本科学校设置办法。当然，高校设置办法只涉及最基本的标准，还应构建切合应用型高校运行发展的评价指标体系，为其基础设施、专业建设、师资队伍、人才培养、应用研究和社会服务等设定评价依据。

2. 发展动力不足

依照国家相关规划，多数新建地方本科高校要转为应用型高校，这必须靠相关高校的积极行动才能落实。但一些高校的转型动力明显不足，存在被动参与、观望徘徊的现象。有些高校虽主动参与，但并非源于办学转型的内在诉求，而是为了获取相关政策红利。这既与文化传统、高等教育体系架构有关，又是组织惯性使然。中国有"重学轻术"的文化传统，这种文化传统映射到高等教育体系建设上，便形成了研究型高校处于金字塔顶端，应用型、职业型高校处于金字塔底层的等级结构。文化传统是相关高校动力不足的外部原因，而组织惯性是内因。相关高校多是在扩招背景下合并升格而成的，其目标是争取迈入教学研究型甚至研究型大学的行列。经过一二十年的努力，它们已经积聚了一定的学术资源，转型意味着断裂式变革，之前的惯性和积累使其在变轨时缺乏主动性。

3. 内涵建设乏力

在《国家职业教育改革实施方案》政策驱动下，广东、河南等20多个省（区、市）出台了相关政策，并成功吸纳300余所地方本科高校加入转型试点队伍，以实现"到2022年实现一大批普通本科高校向应用型转变"的目标。但在这些数字的背后，我们还要看到在内涵上所存在的一定程度的建设乏力现象。笔者曾分别于2018年、2019年对某省两所示范性转型试点高校的多位管理人员和教师进行了深度访谈，发现在学校的评价制度改革、"双师型"队伍发展、课程建设和教学改革等方面，都存在一定的"面子工程"，转型并未进入深水区。究其原因，很大程度上是因为符合应用型大学发展的资源和条件匮乏。由于处于学术型大学的底层，相关转型高校普遍存在经费来源单一、财政投入有限等问题，难以建设和改善应用型人才培养所需的设施和平台。虽然很多高校努力尝试服务地方和企业，但限于科技创新和服务能力不足，往往败给同样开拓社会服务职能的研究型大学。巧妇难为无米之炊，资源匮乏限制了其内涵建设和转型升级。

1.4 新建应用型本科高校发展应对策略

1. 政府层面：加大对应用型大学的支持力度

资源匮乏限制了转型高校的内涵建设，破解的办法唯有政府加大支持力度。可通过以下四个方面具体实施。

（1）适当提高应用型大学生均教育事业费和学费标准，并以专项资金支持应用型大学改善实习实训设施和其他办学条件。可以借助校企合作办学引入外资，改善学校资源匮乏的局面，同时拓展学生就业渠道。

（2）从高层次人才培养方面给予支持。除了师资人才的供给，重点考虑给予应用型大学更多专业学位招生计划的政策。在学校软硬资源达标的基础上，进一步考虑在专业学位硕士点甚至专业学位博士点建设方面，给予应用型大学更多支持，激发其发展动力。

（3）鼓励高校承办政府、企事业单位、社会学术组织等的学术会议、培训交流、项目开发等活动，促进学校和政府、企业、社会之间的交流沟通，深化产教融合，促进成果转化。

（4）重点支持试点高校发挥示范作用。通过项目建设和试点遴选的方式，从简政放权、专业设置、招生计划、教师聘任、产教融合等方面对试点高校给予支持，在校地合作、校企合作、校校合作、教师队伍建设、人才培养方案和课程体系改革、学校治理结构、特色发展等方面积极改革探索，激发高校向应用型发展的内生动力与活力。示范高校的转型发展可辐射其他转型高校，并为其提供理论和实践的转型发展依据。

2. 学校层面：规划全面、谋划到位、真抓实干、推动发展

推动部分本科高校向应用型高校转变，是当前中国教育发展的重大战略举措。这一战略的实施，不仅需要借鉴国外成功的经验，分析国内兄弟院校转型发展建设实例，还需要基于地方经济发展和学校自身现实问题来建构制度框架与策略措施，探索应用型大学建设的中国方案。

就学校层面而言，应做好以下四个方面的建设工作。

（1）做好应用型高校发展的顶层设计。深刻领悟教育部、国家发展改革委、财政部出台的《关于引导部分地方普通本科高校向应用型转变的指导意见》，对高校转型改革进行顶层设计，从治理结构、专业体系、课程内容、教学方式、师资结构、实习实训、产教融合等方面进行全方位和系统性的改革，提出符合高校自身转型发展的主要任务、配套政策和推进机制，为二级单位工作的具体实施指明方向。

（2）设置转型发展专项工作小组，按计划、按步骤落实工作。高校应设置转型发展专项工作小组，配备校领导、二级单位领导、教学委员会部分成员、学术委员会部分成员、专业带头人、一线教师骨干，重点推进落实转型发展工作，并定期召开例会，汇报工作进度，解决转型发展过程中的问题。

（3）加大对特色学科、示范专业的投入力度。按照国家、地方对应用型本科高校转型发展的专项投入比例，结合高校自身特色和地方发展需求，将转型发展的资源投入适当向特色学科倾斜，切实把办学真正转到服务地方经济社会发展上来，转到产教融合校企合作上来，转到培养应用型、技术技能型人才上来。

（4）协调转型发展各个模块的工作，完善工作的政策环境和氛围。高校转型发展领导小组应以问题为导向，研究构建转型发展的制度体系，完善转型发展推进机制；会同有关校外合作单位、校内各个二级单位积极推动高校面向社会需求办学，深化产教融合校企合作，服务地方的政策措施，努力破除师资聘用、职称评定、实习实训、科研管理等方面的体制机制障碍，构建健康转型发展的生态环境。

从供给的角度来看，应用型本科高校不仅是高等教育体系的有益补充，也将为高端技能人才培养注入强劲动能；从需求的角度来看，因材施教建立在差异化办学的基础上，办学重点各有不同，学生们才能在各自的专业领域和兴趣领域找到自己的人生舞台。应用型本科高校的发展在应用技术型人才培养的道路上，既有条件，更有潜力，只要立足优势、抓好落实，这一积极转变，势必会为我国经济社会发展厚植丰沃的人才土壤。

第2章 地方普通本科高校转型发展的理论基础

2.1 转型发展的内涵

2.1.1 背景及意义

20世纪90年代初,伴随着社会主义市场经济体制的逐步确立,以往那种适应于计划经济体制需要、高度集中的高等教育办学和管理体制的弊端日渐突出。1993年《中国教育改革和发展纲要》发布,拉开了我国高等教育体制改革的序幕,从打破高校单一的隶属关系开始,以省部共建和合作办学为主要形式的办学模式逐渐形成。1995年以后,我国大学以"省部共建、合作办学、合并、中央部委院校划转地方政府管理、企业和科研单位参与高校办学与管理"为主要改革形式。

在这个改革大潮兴起的时期,很多新建地方本科高校根本弄不清楚自身的办学定位,其他学校怎么做,自己就照着做,甚至一味地想着超前发展,追求"大而全"的学科和专业设置,只关注学生数量、占地面积、学科范围,幻想能在改革中冲到浪顶而改变过去学校名气落后的局面,完全抛弃了原有的特色和积累,呈现了泡沫式的扩张局面。

2000年以前,大多数高校依然追求"学术型"的人才培养模式,即使能够明显发现自身软、硬件的不足,但依然对"综合性、大而全"的专业和学科设置情有独钟。20年过去了,无论是高校领导,还是一线教师,都深刻感受到了发展的"瓶颈",那就是学校的领导和教师忙碌依旧,但学校的整体发展似乎停滞不前。我国有近88%的应用型人才需求,而应用型人才首先要解决的是"做什么、怎么做"的问题,而并非"是什么、为什么"的问题。

部分新建地方本科高校专业趋同、人才培养同质化、服务区域经济发展能力弱、学生就业和创新能力差，这导致岗位需求量较大、毕业生人数较多，而行业企业可用之人较少的应用型人才危机。由此可知，新建地方本科高校转型发展的主要问题有以下两个方面。

（1）不理解转型发展的内涵，追求快速的变化，导致改变一直处在"量"的阶段，没有"质"的改变。问题集中于：办学定位不明确、学科专业设置不合理、课程与技能需求不匹配、师资队伍不成体系、社会服务能力不强、创新创业教育缺失等。

（2）执行力较弱，讲理论头头是道，而各项工作的实施缓慢。问题集中于：上下思想不统一、政策制度不规范、学科与专业负责人无担当等。

教育部"应用科技大学改革试点战略研究"项目于2013年1月底启动，有来自13个省（区、市）的33所高校参与了该项目研究，旨在探索构建我国应用型高等教育体系，促进地方本科高校转型发展。因此，应用科技大学的办学理念是大力培养应用技术型、技能型人才，使得教育更好地服务于行业产业发展，进而促进我国经济转型。参与该项目的高校必须符合"办学定位明确、特色明显，技术技能培养能力在本省（自治区、直辖市）居领先地位，学校重点学科和骨干专业对区域经济和社会发展特别是产业转型升级有重大支撑作用，学校领导班子有改革创新意识"的明确要求。

2013年，教育部《现代职业教育体系建设规划（征求意见稿）》指出：在有条件的地区试办应用技术大学（学院），实施本科阶段职业教育，并与专业硕士研究生教育相衔接；逐步形成以应用技术大学（学院）为龙头，高等职业（专科）学校为骨干，一般普通高校参与，与专业学位研究生相衔接的高等职业教育院校体系。2014年，教育部将地方高校转型发展列入年度重点工作，明确提出引导一批本科高等学校向应用技术类型高等学校转型。2015年，教育部、国家发展改革委、财政部印发的《关于引导部分地方普通本科高校向应用型转变的指导意见》（以下简称《意见》）明确提出："以改革创新的精神，推动部分普通本科高校转型发展。"《国家教育事业发展"十三五"规划》中关于高等教育改革转型的论述提出："支持一批地方应用型本科高校建设，重点加强实验实训实习环境、平台和基地建设，鼓励吸引行业企业参与，建设产教融合、校企合作、产学研一体的实验实训实习设施，推动技术技能人才培养和应用技术创新。"《中华人民共和国国民经济和社会发展第十四个五年规划和2035年远景目标纲要》指出，高等教育在步入普及化阶段后，将步入高质量发展阶段。普通高等教育和高等职业教育的质量将进一步提升，更多的社会人群通过成人高等教育进一步提升受教育年限。国家经济社会的转型和发展需要高等教育提供人才和科技支撑，高等教育的发展理念、发展模式、评价体系和治理体系都将发生一系列改变。

由此可见，无论是从政策上，还是从社会发展需求上，新建地方本科高校的转型发展已经在路上，道路的选择毋庸置疑，道路上的困难依然存在，高校必须集合所有资源，克服困难，完成建设目标和任务。其意义在于以下几点。

（1）推动高校科学定位，发展特色学科和专业，提升总体办学质量。

（2）扩大与地方行业企业的合作机会，提高社会服务能力，促进地方经济发展。

（3）提升学生就业能力，满足社会应用型人才的刚性需求。

2.1.2 指导思想和主要思路

《意见》中提出转型发展的指导思想是贯彻党中央、国务院重大决策，主动适应我国经济发展新常态，主动融入产业转型升级和创新驱动发展，坚持试点引领、示范推动，转变发展理念，增强改革动力，强化评价引导，推动转型发展高校把办学思路真正转到服务地方经济社会发展上来，转到产教融合校企合作上来，转到培养应用型技术技能型人才上来，转到增强学生就业创业能力上来，全面提高学校服务区域经济社会发展和创新驱动发展的能力。

各高校应在《意见》指导下，明确转型发展的工作指导思想，从具体办学思路、服务地方经济社会发展、产教融合校企合作、创新创业教育、应用型人才培养方面入手，提出符合自身特色的详细指导思想和实现目标，进而引导高校主动面向区域、面向行业、面向产业办学，深化人才培养供给侧结构性改革，推动部分高校向一流应用型本科高校转型发展，达到高校、企业、行业、区域发展共荣目标。具体思路如下。

（1）政策导向。转型的关键是明确办学定位、突显办学特色、转变办学方式。基本要义是已有普通本科高校的转型发展，是办学思路、办学定位和办学模式的调整，不是挂牌、更名或升格。高校要把办学思路真正转到服务地方经济社会发展上来，把办学定位转到培养应用型技术技能型人才上来，转到增强学生就业创业能力上来，把办学模式转到产教融合校企合作上来，形成科学合理的高等教育结构，以提高人才培养质量。所以，高校要抓特色、跟行业、强应用、定服务，真正从地方经济发展需求出发。

（2）制度建设。地方高校转型发展要着力解决转型发展过程中"束缚过多、动力不足、内涵缺失"的问题，通过体制改革激发地方和高校改革创新的积极性，推进高等教育分类管理，加快高等教育结构调整，推动高等教育和职业教育沟通衔接。许多新建地方本科高校是升格、合并、更名的产物，以往的制度严重束缚了发展，不符合应用型本科高校建设的内涵，必须进行全局性的结构性改变。改变就要彻底，不能流于形式，从制度建设开始，重新定位目标，开展教学、科研、人才培养等工作。

（3）省级统筹。转型的主体是地方普通本科高校，转型的责任在各省级政府。《意见》强调加强省级政府在转型发展改革中的统筹作用，引导各地从区域经济社会发展和高等教育整体布局结构出发，将高等教育发展的重点放在面向地方经济社会发展需求的科学定位、优化布局、调整结构上，从各地各校实际出发，积极稳妥推进转型发展改革，不搞一阵风、一刀切。这也要求高校不能跟风学，要明确自身实际情况，探索发展之路，遇到问题解决问题，不要绕着问题走。

（4）试点先行。充分发挥试点高校改革创新的主动性、积极性和示范引领作用，通过加强对试点高校的指导，形成示范效应。哪些高校需要转型，不是简单以本科高校的设置时间划线，主要是根据国家发展战略需求和区域经济社会发展要求，并结合高校的条件和意愿来确定。高校自己要明确自己的位置和能力，设置科学合理的转型发展计划，按部就班、稳扎稳打，积极解决转型发展中遇到的关键问题，完成转型发展任务。

2.1.3 关键问题和主要任务

高校转型发展的关键性问题可以归并为以下五个，其关系图如图 2-1 所示。首要问题是明确办学定位，做好从以"学科为本"的传统知识生产模式向以"知识应用"为主旨的现代知识生产模式转变；从"以学科建设为中心"向"以问题研究为中心"转变；从向往"学术型"向践行"应用型"转变；从"人才培养、基础研究"的二元职能向"人才培养、应用研究、社会服务"的三元职能转变，提炼特色学科和专业，改革人才培养体系，构建针对地方区域、行业、企业的应用实践环境，探索多元化合作育人模式，并依此对学校办学行为进行深层次、系统性、结构化的全局大改造。

图 2-1 高校转型发展的关键性问题关系图

转型发展涉及高校学科结构、专业及课程体系、教学与科研、师资结构、管理制度等方面，是全方位、系统性的改革。《意见》主要从四个层面提出了转型发展改革的十四项主要任务。高校应在主要任务的基础上，结合自身特点，形成具体任务目标。四个层面内容如下。

（1）明确类型定位和转型路径。确立应用型的类型定位和培养应用型技术技能型人才的职责使命，以产教融合、校企合作为突破口，将行业、企业全方位深度参与作为转型发展的路径和推动力，搭建校企合作平台，服务区域、产业发展。

（2）从治理结构、专业体系、基础设施三个方面推动结构性改革，包括以校企合作治理为特点的治理结构，对接产业链、创新链的专业体系和以适应产业先进技术的实验实训实习条件建设为重点的基础设施建设。

（3）以产业转型升级、技术进步和社会建设需求为导向，在人才培养模式改革、创新创业教育、与中高职有机衔接、考试招生制度改革、双师型师资建设等方面深化改革，全面深化人才培养机制改革，加快应用型、技术技能型、复合型、科技创业型人才培养。

（4）以服务创新驱动发展战略为导向，推动试点高校全面融入区域、行业技术创新体系，将先进产业技术的转移、应用、积累和创新的要求贯穿人才培养、科技创新、科技服务等各个层面，推动试点高校提升应用驱动、实践驱动的创新能力。

应用型本科高校在以上四个层面基础上，围绕转型发展的关键性问题，推进各项具体任务。主要任务如下：

（1）办学定位：围绕"应用型、地方性、特色性"设定指导思想和办学目标。

（2）人才培养：采取"产教融合、校企合作"方式，构建协同育人体系，创新人才培养模式。

（3）办学特色：突出学科和专业特色，以"特色"引领示范效应，做好学科基础与专业特色的融合。

（4）服务地方：紧密跟踪地方产业升级、结构调整，主动适应行业企业人才需求，调整优化专业设置，培养地方所需的应用型人才。

（5）知识应用：以"问题研究"为导向，明确做什么、如何做。将专业建设与"双创"教育紧密结合，提升学生在专业领域内的创新创业综合能力。

2.2 转型发展的主要内容

2.2.1 办学定位

高校定位是指高校根据自身条件和功能以及社会和学生的需求，以扬长避短为基本原则，参照高校类型和层次的划分标准，经过分析和比较，在清楚认识自身的基础上确定服务对象和发展目标。简言之，办学定位就是高校在社会发展和高等教育系统内找准"位置"、明确"角色"。

科学定位是促进新建应用型本科高校良性发展的一个重要前提。许多高校在转型发展过程中，始终不能完全建立"应用服务"理念，形成了既不是研究型大学，也不是应用型高校的"中间类型高校"。这种现象就是办学定位不明确的直接结果。

新建应用型本科高校转型发展的办学定位应当遵循如下几个方面的原则。

（1）前瞻性与可行性相结合的原则：新建应用型本科高校在对办学目标水平定位时，既要考虑到教育在地方经济与社会发展中的先行作用，也要明确学校的资源投入具有周期性长的特点，选择的发展目标应该是积极的、具有前瞻性的，能确保自身的发展为未来地方经济与社会发展提供足够的人才支持与知识储备。同时，也要考虑到实现目标的现实条件基础与可能的发展环境保障，不盲目追求学校发展的层次与规模。

（2）有所为和有所不为的原则：这一原则是对客观条件和需要的冷静审视及后续发展选择的价值判断。新建应用型本科高校在制定自己的发展规划时应从实际出发，分清自己的优势和劣势，确认自己何所为和何所不为；要敢于取舍，善于选择。可为而不为，等于放弃发展；不可为而勉强去为，其结果必然是事倍功半。

（3）继承传统和发展创新相结合的原则：国内外众多高校的办学实践证明，一种科学而具有承续性和连贯性的办学思想、办学模式，是一所学校健康发展的基础和前提。新建应用型本科高校在学科专业设置、人才培养模式、服务面向等方面的定位，应继承学校独特的办学传统和风格，使学校发展的历史过程能自然衔接，并在此基础上发展创新，同中求异，打造特色，适应学校办学层次的提升、办学功能和发展空间的拓展。

（4）可持续发展原则：一方面，新建应用型本科高校要牢固树立"发展是硬道理"的办学思想和"发展是解决学校根本问题的关键"的基本理念，用发展的思想和观念指导学校的办学定位。另一方面，新建应用型本科高校要处理好外延发展与内涵提高的关系，注意自身结构要素的协调发展，注重在坚持发展现状与发展目标相结合、近期规划与远期规划相结合的基础上，突破经验的束缚，克服急功近利的短视行为，放眼于长远，科学地制定学校的发展目标。

（5）高等教育、职业教育、继续教育三教融合原则：应用型本科高校均应按照中国共产党第二十次全国代表大会提出的"统筹职业教育、高等教育、继续教育协同创新，推进职普融通、产教融合、科教融汇，优化职业教育类型定位"的要求，为社会培养和输出更多优秀的技能人才。

新建应用型本科高校应结合各自地方（区域）的产业特色、文化特色和学校特色，尽早确立自身的发展目标、办学类型、性质、办学层次、办学功能、服务面向、人才培养、科学研究、学科专业等核心定位。

（1）新建应用型本科高校的发展目标定位：应用技术型大学。

（2）新建应用型本科高校的办学类型定位：现代高等职业教育。

（3）新建应用型本科高校的性质定位：应用技术型高校。

（4）新建应用型本科高校的办学层次定位：办学层次主要指人才培养层次，以普通本科教育为主，适当兼办高职高专教育，以专业硕士为辅，即在本科教学工作水平合格评估通过后，选取几个优势学科开展研究生教育。

（5）新建应用型本科高校的办学功能定位：应当以培养人才为中心任务，以教学工作为主，同时积极开展科学研究和科技开发，广泛开展社会服务活动。以教学工作为主，培养合格人才，是新建应用型本科高校应长期坚持的基本办学指导思想。作为以教学工作为主的新建应用型本科高校，科研和社会服务应紧密结合地方经济建设和社会发展实际，注重应用研究，面向基层一线，面向中小企业，面向社区、农村，提供项目研究、技术咨询、开放教育等服务，突出符合自身实际的科研与社会服务特色。

（6）新建应用型本科高校的服务面向定位：面向本省、市，以服务区域经济为主（部分高校要兼顾为行业服务），面向基层，面向中小企业，面向社区和农村，面向生产建设、经营管理、咨询服务第一线；服务地方（区域）技术积累和技术创新，服务学生成长成才。

（7）新建应用型本科高校的人才培养定位：培养高素质应用型技术技能型人才。

（8）新建应用型本科高校的科学研究定位：服务地方的应用型科学研究。

（9）新建应用型本科高校的学科专业定位：建设与地方产业密切相关的应用型学科专业体系。

新建应用型本科高校尽早确立合理的办学定位，有利于学校找准自身在区域社会系统和高等教育系统的位置，有利于政府主管部门实施分类管理和分类指导，有利于学校明确自身的发展方向、发展目标，树立自身的品牌，有利于提高社会公众对学校的整体认识和市场认可度。

2.2.2 办学模式

在新时代背景下，为了培养适合区域经济和社会发展需要的高素质应用型人才，应用型本科高校要把办学思路真正转到服务地方经济社会发展上来，把办学模式转到产教融合、校企合作上来，把人才培养重心转到培养应用型、技术技能型人才上来，并根据区域经济社会发展实际调整学科和专业结构布局，改革人才培养模式。

办学模式是指兴办和经营管理学校的体制机制的特定样式，是由办学资源的特殊属性及特殊组织结构形式所决定的。应用型本科高校的特殊属性在于其"应用性、服务性"，高校所有的运行机制、体制都要围绕特殊属性设置。应用型高校在发展过程中的根本任务是培养高素质应用型人才，所以人才培养模式是办学模式的重心，应从人才培养目标、途径、动力和保障等多方面完善人才培养模式。

（1）人才培养目标：培养适应社会主义现代化建设需要的，德、智、体、美、劳全面发展的，人格健全的，获得生产建设与社会事业第一线工程师基本训练的、基础理论扎实、专业知识面宽、适应性强、具有创新精神和实践能力以及创业精神与竞争意识的高级应用型专门人才。

（2）人才培养途径：加强校企合作，深化产教融合，深入企业内部对接人才培养、实习实训及就业事项，真正实现校企合作的效度。要深入开展各专业人才培养规格的社会论证。广泛进行社会调查，了解社会、区域经济发展对应用型人才的实际需要和要求，特别要注重了解工作岗位中需要的实际工作能力，细致分析毕业生在企业就业的岗位、从事的技术工作内容及业务流程等，促进学生明确学习目标，教师明确教学责任，用人单位明确岗位需求。

（3）动力和保障：学校发展需要内、外部动力和保障，人才培养模式的改革与实施同样需要一系列的动力和保障。高校领导层要充分发挥领导职能，走出去，争取校外多方协助；校内要充分发挥专业建设指导委员会、课程建设指导委员会、学术委员会等组织职能，加强对应用型人才培养、师资队伍建设、教学条件建设、教学管理体制建设、学生管理与考核、教学质量监控、教学质量评价等的研究，制定科学的人才培养质量监控机制，以保证应用型人才培养水平和质量。

2.2.3 办学特色

转型发展重在"转变"，这种转变是质的转变，而非部分内容的"改变"。新建地方应用型本科高校要能够根据地方经济发展需求，集中自身优势，对部分学科和专业适当取舍，与其他地方高校错位发展，找到自己的转型发展路径。新建地方应用型本科高校要旗帜鲜明地发展"特色"办学，而不是一味强调"百花齐放"。

特色办学是高校适应经济社会发展的迫切要求，是高校转型的必由之路，是推动学生实现就业的战略举措，也是办好人民满意的高等教育的有效途径和内在要求。国家教育行政学院原副院长、教育部全国教育干部培训专家委员会原副主任委员李文长先生说："对于地方高校来说，办学特色最主要的是客观反映所在地经济与社会发展对人才的特殊需求，要充分发掘利用地方特有的办学资源。"新建地方应用型本科高校要"顶天立地"凸显办学特色，所谓"顶天"就是办学理念要有前瞻性和先进性，思想观念的改变才是真正的改变；所谓"立地"就是要立足地方需要，有所为有所不为，针对本地区特有行业的特殊需要，调整学科布局和专业设置，确定某些方向重点突破，为特定的区域或特定的行业提供特定的科技支撑和人才支撑。

新建地方应用型本科高校特色办学的有效路径包括：孕育教育思想特色，培育学科专业特色，打造立德树人特色，锻造服务功能特色，涵养校园文化特色。其中，学科专业特色是应用型高校特色办学的主要内容和重要支撑。一所大学要办出质量，办出水平，必须有优势特色学科。应用型高校在学科专业结构定位上要形成以 1～2 个学科大类为主，多学科差别性发展的格局，要确立学科建设龙头地位，确定建设优势特色学科的战略重点。

新建地方应用型本科高校发展特色学科时，要考虑如下三点。

（1）结合地方经济社会发展改造传统优势学科。学校要发挥自身学科优势，以地方经济社会发展需要为向导，通过改善师资队伍结构、改善授课内容、改造学科专业方向等手段，提升学科综合实力，提高人才培养质量，缩短人才质量与市场要求的差距。

（2）结合市场导向培养新型交叉学科。新型交叉学科代表社会生产力的发展方向，反映学科发展的基本趋势，要把新型交叉学科作为学校发展的新生力量。在市场调节下改造、整合和优化学校各种教育资源，实现跨学科的横向联合，促进新型交叉学科迅速发展。

（3）结合科研工作培植重点学科。要通盘考虑学校科研团队、学科领军人才、教学科研条件，把重大课题和重点课题作为突破口，明确学科的主攻方向，依托具有浓郁地方特色的科研项目带动重点学科的发展，较快地提升学科层次水平和学校知名度。

2.2.4 服务地方

"威斯康星思想"创造性地提出了大学的第三职能——为社会提供直接的服务，使大学与社会生产、生活实际更紧密地联系在一起。这打破了大学的传统封闭状态，使得为社会服务成为高校的基本职能，让高校直接参与社会经济活动，促进了人类社会的发展与进步。

地方经济的竞争力归根到底就是人才的竞争力，这需要充分发挥高等院校的人才优势和知识优势，为地方经济建设提供智力支持，为当地社会经济发展培养高质量人才。高等院校为地方经济建设提供技术支持，发挥高校在知识创新、技术创新方面的优势，通过校企合作的形式，实现技术创新和合作共赢。高等院校可以通过科研院所、行业企业实现科研成果的转化和经济收益，而行业企业则可以凭借高校的技术优势改进生产技术，提高产品质量，提升企业的核心竞争力。

人才培养的直接目的是服务地方经济发展，而企业对社会和市场需求的变化感觉最直接、反应最快捷，校企双方携手育人，不仅降低了人才培养成本，而且提高了人才质量。企业是创新的主体，高校是创新的载体之一，产教融合、校企合作是服务地方的直接手段，是地方本科高校实现转型的重要途径，所有其他的合作方法和途径均可在此基础上有序开展。

产教融合是产业、教育的组合，本质上是一种跨界融合，是高校和企业将各自的一部分资源拿出来共用，以达到资源互补、发展共赢的目的，从而实现"1＋1>2"的效果。服务地方是产教融合的直接目的，校企双方应主动围绕地方产业发展需求，科学合理地制定人才培养的体制机制，在基础较好的学科上，通过创新专业设置、培养方案、课程内容，进一步提升技术型人才的综合能力，从而为地方相关产业提供更加精准高效的服务。校企双方要全力推动形成"以产带教、以教促产"的良性循环局面。

2.2.5 知识应用

应用型本科高校在人才培养过程中，要坚持理论科学教育与实践训练并重的原则，应兼顾学生职业能力提升和发展。高质量技术型人才的培养，绝不可能封闭在校园内完成，必须结合社会和地方人才需求，合理设计和不断完善教学内容，回答"做什么、如何做"的问题。

目前，仍然有部分应用型本科高校在人才培养方案、专业知识结构体系构建上存在如下问题。

（1）课程体系存在知识划分过细、课程内容交叉严重、内容滞后、理论性过强、实践性偏弱等问题。在这样的课程体系下，学生的知识扩展能力和创新创业能力弱，与人才需求能力不匹配，不满足应用型人才的"应用型"属性。

（2）为了追求应用性，设置了太多的应用课程，而课程间要么重复性高、要么毫无关系，不能形成能力模块结构体系，使得学生表面上学了很多，实际上没有一个能力能达标。

（3）为了提高学校师资水平，片面地在人才招聘上提高学历要求，招了很多理论水平较高、实践能力偏差的教师。长此以往，不可能培养出应用型人才。

（4）盲目追求就业指标数量，不考虑学生的基础能力，持续地动员学生考研。同时，为了符合某个或某几个企业的招聘需求，临时置换部分课程，破坏了培养方案中的能力结构，最终导致学生面临学没学好、用没用好的局面。

因此，应用型本科高校在明确了自身办学定位以后，应根据自身学科及专业特色，以及区域经济社会发展要求，优化专业知识结构，形成能力培养体系，分层教学，并通过校企合作、产教融合等方式，使学生和教师都进入培养和提升体系，让每个学生都具备某一个模块或多个模块的专业能力，让每位教师都能具备某个学科或专业领域的综合教学能力。

新建地方应用型本科高校在新时代背景下，要摆脱处于研究型和职业型之间的尴尬，就要拿出自己的东西，而不是让研究型知识内容与职业型知识内容相混合；要在传统教育体系上进行完善和创新；要根据自身特色和地方应用人才需求，找到理论和实践教学的比例，而不是单单追求实践类型课程的数量；要在专业能力培养的同时，贯穿职业能力教育，而不是单单设置几门职业能力课程；要从人才培养、课程体系构建、招生就业、师资培养等多方面与社会、行业企业进行深度融合，而不是解决几个毕业生就业问题的简单合作。

2.3 转型发展的动力

学校转型必定会带来短期阵痛，遭遇一些困难。要在高等教育大众化的背景下破解这些难题，促进新建本科高校向应用型大学顺利转型，不仅需要政府政策的大力引导和推动，而且需要学校把转型内化为自身谋求发展的主动诉求。因此，社会需求、政府引导与地方经济发展产生的外源动力和学校自发产生的内生动力成为两股推动新建本科高校向应用型大学转型的重要力量。内外动力结构如图 2-2 所示。

外源动力

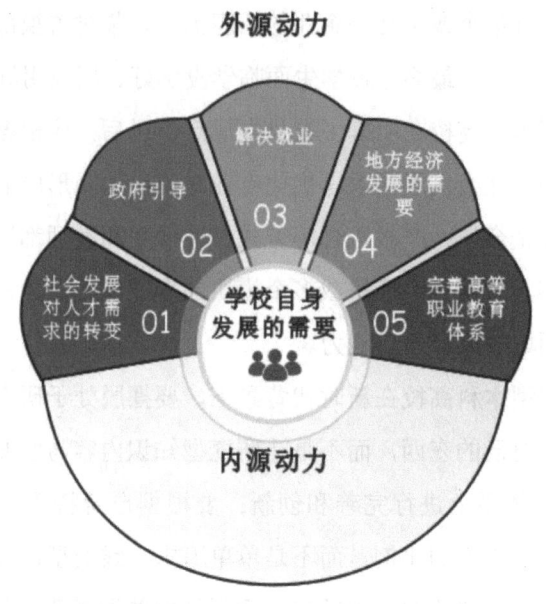

- 01 社会发展对人才需求的转变
- 02 政府引导
- 03 解决就业
- 04 地方经济发展的需要
- 05 完善高等职业教育体系

学校自身发展的需要

内源动力

图 2-2 新建地方应用型本科高校转型发展的动力

2.3.1 内源动力

新建本科高校转型发展的内源动力主要来自高等教育自身由精英化教育向大众化教育发展的转变，是高校自身主动寻求改革。我国大学的年招生规模从20世纪70年代的20多万人扩展到现在的700万人，翻了30多倍，高等教育已经从"精英教育"阶段走向"大众教育"阶段。高等教育的大众化必然会促进高等院校的转型发展。

大部分应用型本科高校经过独立或合并升格后，实现了办学层次的提升，为未来赢得了更大的发展空间，但也存在着办学理念滞后、发展定位不清、办学基础薄弱、获取社会资源能力有限、服务地区行业企业水平不足等一系列亟待解决的问题。在高等教育大众化背景下，面对高校发展趋同化日益严重的现实情况，应用型本科高校逐渐认识到，需改变传统的"精英型"办学理念和发展模式，在办学理念、发展路径、学科建设、师资建设、人才培养以及质量评估等方面寻求新的突破。

以笔者曾工作的高校——河北环境工程学院为例。2016年，学校由原来的行业高校升为应用型本科高校。2020年12月30日成功入选河北省第二批转型试点高校后，学校制定了《转型发展工作实施方案》，确定了"12333"转型发展建设目标，即探索 1 条生态环保行业特色鲜明的高素质应用型人才培养之路，实现产教融合 2 个全覆盖，应用型人才培养 3 项改革成效显著，加强 3 项支撑工程建设，突出 3 项能力培养。同时，学校进行了转型发展任务分解，出台了《转型发展实施项目负责人制管理办法》，确定了 9 个产业学院项目、5 个专业产教融合项目、5 个公共课程平台项目，将转型发展任务落实到人。通过实施转型发展项目负责人制，转型发展工作取得积极进展，各专业在广泛调研基础上，以需求为导向重构产教融合应用型课程体系；各项目负责人积极对接企业，促进产教融合走实走深，校企共建多个产业学院，其中北控水务学院被确定为省级产业学院。在转型发展过程中，教师积极到企业挂职锻炼，与企业共同开发课程、开展项目教学，全校形成了全面转型、全员转型、全力转型的良好态势。

2.3.2 外源动力

1. 社会发展产生的人才需求的转变

随着经济全球化的深入发展和社会主义市场经济体制的建立，我国劳动力结构和人才培养模式从根本上发生了改变。尤其是在产业转型升级和经济结构调整时期，社会生产方式急剧转变，需要大批在生产、经营、管理等一线从事应用研究、技术开发、产品试制的可使研究工作不断深化、生产水平不断提高的应用型高级专门人才。同时，我国正处于经济发展新常态、"中国制造 2025"区域特色优势产业转型升级等一系列战略背景下，经济增长速度逐渐由高速增长变为中高速增长，经济结构不断优化升级，经济发展从要素驱动、投资驱动转为新驱动，积极培育新的经济增长点，顺应"互联网＋"发展趋势，大力推广绿色制造、智能制造，从制造大国迈向制造强国。目前，我国经济社会发展与人才结构间存在矛盾，出现了应用技术型人才短缺的现象。因此，要求高等教育必须主动适应现代经济与社会发展的需求。

高校所扮演的角色不再是远离世俗的"象牙塔"，而是"社会服务站"。应用型本科高校应走出传统"精英教育办学理念"和"学术型"的培养模式，转变落后的"追赶、模仿"的人才培养理念，从经济社会发展对人才提出的多层次、多类型的现实需求出发，准确定位区域内人才需求类型，创新人才培养模式，切实培养出具有扎实的理论基础、能够较好地运用专业知识解决生产和生活中实际问题、可以适应社会发展的多样化需求、在工作实践中有所创新的应用型人才。目前，已有越来越多的地方本科高校走上应用型大学建设之路，将原来的建设综合性、研究型大学的目标，改为建设应用技术型、职业技能型高校，致力于培养适应现代经济社会发展需求的应用型创新人才，从而满足社会主义现代化建设对高级专门人才的多样化需求。

2.政府引导的外源动力

教育部、国家发展改革委、财政部早在2015年就出台了《关于引导部分地方普通本科高校向应用型转变的指导意见》，开始逐步引导部分地方普通本科高校向应用型高校转变，并通过决策部署推动高校转型发展。

国务院办公厅发布的《关于深化产教融合的若干意见》（国办发〔2017〕95号）中提到："深化产教融合的主要目标是，逐步提高行业企业参与办学程度，健全多元化办学体制，全面推行校企协同育人，用10年左右时间，教育和产业统筹融合、良性互动的发展格局总体形成，需求导向的人才培养模式健全完善，人才教育供给与产业需求重大结构性矛盾基本解决，职业教育、高等教育对经济发展和产业升级的贡献显著增强。""鼓励地方政府、行业企业、学校通过购买服务、合作设立等方式，积极培育市场导向、对接供需、精准服务、规范运作的产教融合服务组织（企业）。"

2019年，国务院印发了《国家职业教育改革实施方案》，指明了未来高等教育的具体指标：到2022年，一大批普通本科高等学校向应用型转变，推动建设300个具有辐射引领作用的高水平专业化产教融合实训基地。"双师型"教师占专业课教师总数超过一半，职业院校、应用型本科高校启动"学历证书＋若干职业技能等级证书"制度试点。推动具备条件的普通本科高校向应用型转变，鼓励有条件的普通高校开办应用技术类型专业或课程。

2020年，中国共产党第十九届中央委员会第五次全体会议通过的《中共中央关于制订国民经济和社会发展第十四个五年规划和二〇三五年远景目标的建议》中提到："构建充分体现知识、技术等创新要素价值的收益分配机制，完善科研人员职务发明成果权益分享机制。加强创新型、应用型、技能型人才培养。""实施知识更新工程、技能提升行动，壮大高水平工程师和高技能人才队伍。"

在国家政策的积极引导下，全国多个省份出台了有关本科高校转型发展试点工作实施方案的相关文件。例如，河北省教育厅于2014年出台了《本科高校转型发展试点工作实施方案》，此方案的提出给河北地区的应用型本科高校的转型发展建设提供了指导和支持。

至此，从国家到地方政府都把本科高校转型发展提到前所未有的战略高度，出台了一系列相关政策助推地方本科高校转型发展。

3. 解决就业问题的现实选择

目前，我国劳动力市场上出现的毕业生结构性失业问题严重，突出表现为企业"用工荒"和大学生"就业难"的矛盾。从表面上看，这是由人才供给与需求失衡引起的，但其根源是我国高等教育结构的失调。大批地方本科高校集中向精英型教育模式看齐，沿着传统研究型大学的方向发展，导致人才供给与需求失衡问题日益突显。因此，推动地方本科高校转型发展势在必行，以切实解决高校毕业生"就业难"的问题，填补本科层次职业教育的空白，促进我国高等教育结构的优化。

教育部原副部长鲁昕曾在"产教融合发展战略国际论坛"上指出："地方本科高校转型发展是实现经济发展方式转变、产业结构转型升级的迫切要求，也是解决新增劳动力就业结构性矛盾的迫切要求。"因此，走应用型大学建设之路是解决当前毕业生就业问题的现实选择。

4. 地方经济发展的需要

新建本科高校立足当地实际，与当地有着天然联系，在获得地方支持的同时，可以有效地助推当地社会经济的转型和发展，帮助地方经济实力提升。2017年教育部高等教育教学评估中心首次发布的《中国本科教育质量报告》显示：21世纪以来，我国一大批新大学应运而生，截至2015年，新建本科院校678所，占全国普通本科高校 1219 所的 55.6%，新建本科高校已实实在在地占据了我国高等教育的"半壁江山"，已经在全国的 29 个省（区、市）广泛布局开来，达到对 196 个地级市及计划单列市的覆盖。甚至对于一些县级市而言，新建本科高校已成为当地重要的文化资源，突破了地方高等教育缺乏的困境。

大部分地方本科高校应将培养适应地方经济社会发展多样化需求的应用型人才作为核心任务。地方本科高校应充分利用其在应用型人才培养方面的绝对优势，充分了解所在区域行业、企业的人才需求类型，并结合自身办学特色，制定以应用型人才培养为核心的战略发展规划。同时，在实现自身办学实力提升的过程中，明确其"为地方服务"的发展定位，从而与地方行业企业发展形成良性互动，实现互利共赢。

5. 完善高等职业教育体系

我国高等职业教育起步于 20 世纪 80 年代左右，目前处于高等教育体系中的较低层次的存在。由于受到办学层次不完整、职普教育沟通困难、社会声誉较低等一系列因素的影响，高等职业教育不受大众认可。

根据我国政府及教育部出台的相关政策安排，未来我国高等职业教育的改革方向，是将高等职业教育单独作为一种特殊的高等教育类型进行体系建构。也就是说，高等职业教育应该像一般高等教育系统一样有一个完整体系，以逐步建立一个"与普通高等教育并行且相互沟通、办学主体多样、学历层次齐全、办学功能完备，以市场为办学导向，以应用为根本特点的开放式、高水平的高职教育办学体系"。党的二十大明确提出"构建高等教育、职业教育、继续教育"三教融合教育体系，统筹"三教"协同创新，推进"三融"体系改革。所以，完善高等职业教育体系是促进"三教"融合的有利条件。推进地方本科高校实现转型发展，可为进一步丰富高等职业教育办学层次提供帮助，通过弥补本科层次职业教育的缺失，构建一套从中职、高职到本科层次，甚至到专业学位研究生教育的职业教育发展"立交桥"，以进一步完善我国高等职业教育体系，从而提升高等职业教育的社会吸引力和影响力。

2.4 转型发展的保障

转型发展的保障措施是助推地方本科高校转型发展的重要力量,内容包括内部保障与外部保障,如图 2-3 所示。

```
转型发展的保障
├── 内部保障
│   ├── "双师双能型"教师队伍
│   ├── 校内外实践教学平台
│   ├── 信息化教学资源
│   ├── 管理制度
│   └── 教学质量监控与评价体系
└── 外部保障
    ├── 政府统筹责任
    ├── 本科高校配套制度
    └── 改革氛围和舆论环境
```

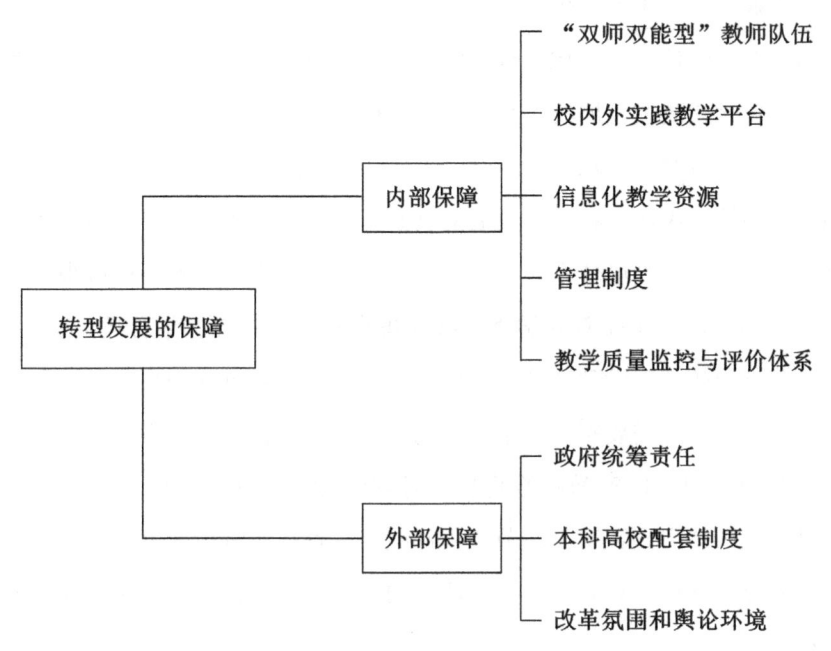

图 2-3 地方本科高校转型发展的保障

2.4.1 内部保障

1. 加强"双师双能型"教师队伍建设

应用型本科高校要有与之相适应的教师队伍,要拥有一支兼具教师资格和工程师资格,兼备教学能力和工程实践能力的"双师双能型"教师队伍。

高校为满足应用型人才培养需要,通过"请进来,走出去""柔性引进,灵活聘用"等方式,不断加强"双师双能型"教师队伍建设。一是利用与各地市建立的校地合作关系,连续地选派教师到企业、政府等一线挂职或实践锻炼,不断提高教师的专业实践能力;二是积极引进和培育具有高级职称和行业背景的教师;三是通过绩效考核的方式,支持和帮助教师主动参加行业培训,获取专业

（行业）资格证书。

2. 积极搭建校内外实践、实训教学平台

地方应用型本科高校应紧密围绕学生实践应用能力培养需求，积极争取地方、企业和中央财政的建设资金支持，不断加大校内外实践教学条件建设力度。

3. 大力建设和应用信息化教学资源

在高速发展的信息化时代，构建线上线下开放的教学体系、满足学生个性化发展需要是新时代高校发展的必然选择和路径。

4. 建立健全与应用型人才培养相适应的管理制度

制度是高校组织赖以存在和发展的基础。应用型高校要获得良性发展，就必须建立与之相适应的制度体系。在应用型转型实践探索中，各高校应根据应用型人才培养的要求，逐步完善教学管理各项规章制度，制定教学管理、教学运行、质量监控等方面的教学管理文件，形成覆盖人才培养全过程的规范、完备的教学管理制度。同时，还需要制定教学管理的各项工作流程，使教学管理工作流程清晰，管理规范。根据国家教师教育标准等教学标准，从专业建设、培养方案制订、教材建设与选用到各教学环节过程都制定完备的质量标准，构建教学质量保障机制，充分发挥标准和制度对教学活动的导向、监控及评价作用，保障教学运行的平稳有序。

5. 构建完善的教学质量监控与评价体系

教学质量是学校的生命线，是立校之本、求存之基。对教学质量实施监控与评价是学校进行教学质量管理的重要手段。教学质量监控与评价体系的构建与实施对人才培养质量的提高具有重要作用，它能有效促使教师增加教学投入，不断提高教学能力和水平。同时，对教学各环节多层次、多角度、全过程的质量监控和评价可以准确诊断教学情况，及时发现影响教学质量的因素，通过持续的改进过程，有效推动教学质量的全面提高。

2.4.2 外部保障

1. 落实政府统筹责任

在地方本科高校向应用型高校转型的过程中，政府的保障作用主要体现在以下五个方面：第一，做好顶层设计，从法律上明确地方本科高校在我国高等教育体系中的地位。第二，落实经费保障。中央和地方两级财政应共同为地方本科高校提供转型所需的资金，设立转型示范学校专项资金资助项目。第三，提供相关信息支持。信息是一种重要的稀缺资源，在转型中，特别是有关国家产业结构调整和人才需求预测方面的信息对新建地方应用型本科高校来讲至关重要。第四，建立评估标准，对应用型本科高校的办学水平和质量进行合理准确的评价。第五，以点带面，采用阶梯式转型的办法，先试点、再铺开，探索地方本科高校向应用型高校转型的多种路径。

2. 加快推进地方本科高校配套制度改革

建立高校分类体系，实行分类管理，制定应用型高校的设置标准。制定应用型高校评估标准，开展转型发展成效评估，强化对产业和专业结合程度、实验实习实训水平与专业教育的符合程度、"双师型"教师团队的比例和质量、校企合作的广度和深度等方面的考察，鼓励行业企业等第三方机构对应用型高校开展质量评价。支持地方制定校企合作相关法规制度和配套政策。

3. 营造良好改革氛围和舆论环境

加强对转型发展高校各级领导干部和广大师生员工的思想教育和政策宣传，举办转型试点高校领导干部专题研修班和师资培训班，坚定改革信心，形成改革合力；广泛动员各部门、各高校和各用人单位参与改革方案的设计和政策研究；组织新闻媒体及时宣传报道成功试点的经验。

2.5 小结

新建地方应用型本科高校的发展需要加强内涵建设，明确办学定位、指导思想、办学思路和主要任务，并集中力量解决转型发展道路上的关键问题。

本章重点研究了如下内容。

（1）梳理了普通本科高校向应用型本科高校转型发展的背景和意义，提出了转型发展的具体建设思路，分析了关键问题，明确了建设任务。

（2）分析了转型发展的主要内容，具体包括：办学定位、办学模式、办学特色、服务地方、知识应用等方面。强调应用型本科高校应围绕"应用技术型"人才培养目标，开展转型发展的全面建设，提升高校办学质量。

（3）概括了普通本科高校向应用型本科高校转型发展的动力，包括：内源动力和外源动力。内源动力源于高校自身发展需求，重点解决在办学理念、发展路径、学科建设、师资建设、人才培养以及质量评估等方面存在的问题。外源动力源于社会力量的支持，包括政府、行业企业、社会组织和机构等，解决从政策、制度、人才、合作、成果转化等方面的问题。

（4）总结了普通本科高校向应用型本科高校转型发展的保障，包括内部保障和外部保障。内部保障主要指在教师队伍、实践平台、管理制度、质量监控与评价和信息化建设等方面做好管理和服务工作。外部保障主要指政府和社会提供的政策制度、服务保障、成果宣传等扶持和协助工作。

第3章 新建地方应用型本科高校的制度建设

现代大学制度的核心是在国家宏观调控政策指导下,大学面向社会,依法自主办学,实行科学管理。现代大学制度涉及规范和理顺大学与政府、大学与社会的关系,涉及大学内部治理结构的完善和改革。现代大学制度的构架包括两个层面:宏观层面(学校与外部的关系)——政府宏观管理、市场适度调节、社会广泛参与、学校依法自主办学;微观层面(学校内部)——校长负责、教授治学、民主管理。

宏观层面的大学制度,亦可理解为一个国家的高等教育制度。它包括国家层面的办学体制、投资体制和管理体制,是一个国家整个高等教育系统的总称。微观层面的大学制度,亦可理解为一所大学的组织结构和体系,是维系一所大学正常运行和发挥其职能的制度保障。从一所大学制度的建立,到一个国家高等教育制度的形成,构成了大学制度的完整体系。这一发展过程同时证明,宏观层面和微观层面的大学制度的有机结合,是现代大学制度构建的"一体两翼"。其发展逻辑也表明,微观的大学制度的建立早于宏观的高等教育制度。大学制度的最初指向,主要是微观层面的含义,即指一所大学的制度构建。

本章以"应用型本科高校"为依托实体,从微观层面阐述应用型本科高校的大学制度体系的构建,并以教学、科研、人才、学生管理等制度建设为出发点,分析应用型本科高校的大学制度现存的问题,提出制度体系建设策略。

3.1 制度体系建设的意义和作用

3.1.1 制度体系建设的意义

应用型本科高校,是指以培养应用技术型人才为办学定位,而不是以培养学术型人才为办学定位的普通本科院校。截至 2022 年 5 月 31 日，全国高等学校共计 3013 所，其中：普通高等学校 2759 所，含本科院校 1270 所、高职（专科）院校 1489 所；成人高等学校 254 所[①]。我国已经形成了世界上体量最大的本科教育体系，为我国经济社会发展提供了高素质人力资源。当前，普通高等学校的本科院校面临着转型发展问题，如何找准应用型发展定位是关键。然而，应用型本科高校的管理体制及相关制度在扩大招生的背景下逐渐显现出其弊端。

党的十九大提出，要"加快一流大学和一流学科建设，实现高等教育内涵式发展"，全国教育大会更要求高校"着重培养创新型、复合型、应用型人才"。党的二十大提出"教育、科技、人才是全面建设社会主义现代化国家的基础性、战略性支撑"。"办好人民满意的教育""完善科技创新体系""加快实施创新驱动发展战略""深入实施人才强国战略"是科教兴国战略的核心内容，是高等教育发展的行动指南。由于"应用型本科"是对新型的本科教育和新层次的高职教育相结合的教育模式的探索，其自身存在的历史沉淀少、办学定位不明确、办学特色不强等问题，使得其发展受到了严重的制约。目前国内的应用型本科习惯于跟着一流大学或者重点大学学习，反而与同类型高校交流甚少，强调各自的特色不同，无可借鉴之处。这些高校忽视了自身发展需求，没有明确的发展路径。这导致一些应用型本科高校既不像研究型本科，又不像应用型本科，教学和科研都没有搞好。尤其在教育政策上及管理制度上，一味地照抄照搬，由于没有实际的实施条件，许多制度等同虚设，制度的增补、修订也跟不上发展步伐。

为了明确区别传统本科教育和高职教育，应用型本科高校在发展过程中，应以"教学制度"为抓手，分析制度体系中存在的问题，打破传统本科制度架构，重组应用型本科制度体系，着力找好制度体系中的评估点，构建一套符合国家发展需要的应用型本科高校制度体系。应用型本科高校制度体系建设的具体意义在于以下几点。

（1）能够简化管理过程，提高管理效率。

（2）符合自身发展需求，有利于人才培养和为地方经济服务。

---

① 数据来源于教育部网站。

(3) 有利于形成完善的评价和绩效标准，为教育和管理作用的充分发挥奠定了基础。

3.1.2 制度体系建设的作用

制度是规范，制度体系是一系列的协同规范。若干制度相互协调形成制度体系，并协同发挥作用，才能针对高校的权力运行形成整体的规范力量。制度建设过程中，既要强调体系性，又要强调制度间的衔接和联动，同时兼顾各自的操作空间。对于应用型本科高校，理论学习制度体系要有"度"，即控制强基础中"强"的程度；管理制度体系要有"面"，即所有的工作必须运行在制度体系下，不能有制度以外的管理工作；学术研究制度体系要有"新"，即体现高校自身性质和发展过程，体现行业特色或服务特色；课程建设制度体系要有"同"，即思政课程与各类课程同向而行，形成协同效应；组织保障制度体系要有"力"，即保证各个保障措施都能够落实到位；评价制度体系要有"点"，即评价指标量化要有明确的评价点，在各自评价点下体现区分度。

完善的制度建设不仅能够促进高校按照既定的办学定位发展，而且能够让高校与时俱进，不脱离行业、社会。它在人才培养、学科和课程建设、师资建设、学生实习实训、绩效评价、产教融合及政务管理等各方面都能发挥重要作用，具体体现在如下七个方面。

（1）完善的制度建设，能够回答"培养什么人、怎样培养人、为谁培养人"这个问题，构建高水平的人才培养体系。

（2）完善的制度建设，能够激发学科建设的活力，形成良性互动的学科生态体系，以学科建设带动学校发挥优势、办出特色。

（3）完善的制度建设，能够系统、动态地形成师资培养体系，是教师队伍良性发展的保障。

（4）完善的制度建设，有助于科学制定实习方案，建立创新、创业实训体系，有效组织和管理学生的实习、实训，明确各方权利义务，保障学生各项权益。

（5）完善的制度建设，有助于建立合理的绩效指标体系。只有用科学的方法建立"分行业、分学科、分层次"的绩效目标，才能对目标进行公平合理的

"全方位、全过程、全覆盖"的评价。

（6）完善的制度建设，能够明确政府、企业、学生、教师、高校等多方的权责，有助于在产教融合中形成稳固的政策基础和互惠的合作机制，形成产教融合协同体系。

（7）完善的制度建设，能够提高规章制度的执行效率、内聚度和一致性，有助于形成多部门联动机制，避免政出多门、制度重叠，可提高政务管理部门的制度执行效率。

3.1.3 应用型本科高校制度体系架构

教育管理制度是指根据国家有关法律、政策制定的，要求全体成员共同遵守的，具有普遍约束力的规章和准则，诸如教学管理制度、科研管理制度、人事管理制度、学生管理制度等，是对一个学校管理水平与效率的集中反映。

传统的高等学校在制度规定上偏量化指标和硬性指标，这在高校引进人才政策、教学、科研及绩效考核等管理中尤为明显。事实上，应用型本科高校无论是办学定位、人才培养，还是师资结构、教科研管理等，都应当注重量化指标与质量指标的平衡，尤其要强调社会服务，即应用性。所以，应用型本科高校制度体系的建设，要区别于传统研究型高校和职业技能高校，要在体系结构下，刚柔并进地设置管理与评价体系。图3-1为应用型本科高校制度体系框架参考图。

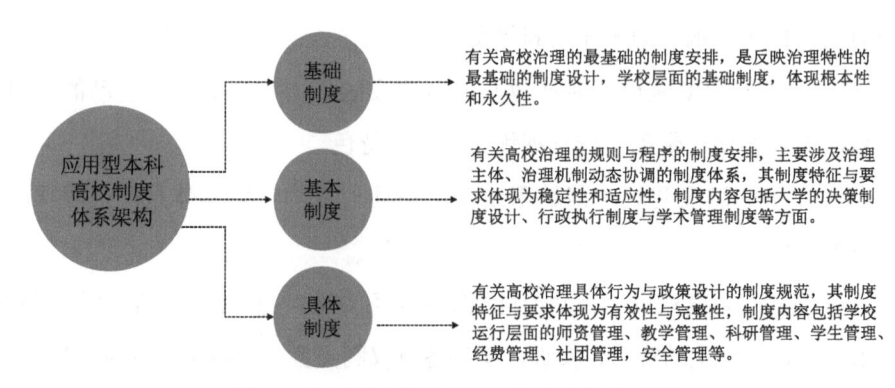

应用型本科高校制度体系架构

- **基础制度**：有关高校治理的最基础的制度安排，是反映治理特性的最基础的制度设计，学校层面的基础制度，体现根本性和永久性。
- **基本制度**：有关高校治理的规则与程序的制度安排，主要涉及治理主体、治理机制动态协调的制度体系，其制度特征与要求体现为稳定性和适应性，制度内容包括大学的决策制度设计、行政执行制度与学术管理制度等方面。
- **具体制度**：有关高校治理具体行为与政策设计的制度规范，其制度特征与要求体现为有效性与完整性，制度内容包括学校运行层面的师资管理、教学管理、科研管理、学生管理、社团管理、经费管理、安全管理等。

图 3-1 应用型本科高校制度体系框架参考图

基础制度、基本制度以及具体制度是相互依存的。基础制度要通过大学基本制度和具体制度予以贯彻实施，如果离开了基本制度和具体制度，基础制度就无法落地实现。反之，如果没有基础制度的根本性规定，基本制度与具体制度就缺失了基础依据。应用型本科高校与传统本科高校的制度框架基本相同，但是应用型本科高校应该让制度更偏向于"应用型"，简化管理，注重实用和落地，保持制度独立的同时，提升同类型制度的内聚性，降低各部门制度间的耦合性，提升制度本身的执行价值。

3.2 教学管理制度建设

在应用型本科高校中，教学工作是学校的绝对中心工作，其他工作基本围绕教学工作展开，所以教学管理是提高教学质量的根本保证。教学管理制度的完善，关系着高等学校的运转机制及运转效率，对保障学校教育教学质量具有十分重要的意义。我国高等学校现行教学管理制度多采用校、院两级管理制度，部分高校采用校、院、系三级管理制度，通常二、三级的管理制度可以由院、系在一级管理制度框架下自行制定。由于学科的差异性、制度制定人的创造性、制度商定组织的整体实力水平等，多级制度在过程管理、业务管理、质量管理、监控管理等方面差距较大，并在各自的运行中逐渐地显现出一些缺陷。例如，各个业务管理之间的贯通性、连贯性不好，制度间虽交叉重叠，但不能标准一致，等等。如何从根本上对现行教学管理制度进行改革是本节讨论的重点，这对协调学校与学院、教师、学生、教学管理者之间的关系有重要意义。图 3-2 列出了教学管理制度的基本分类。

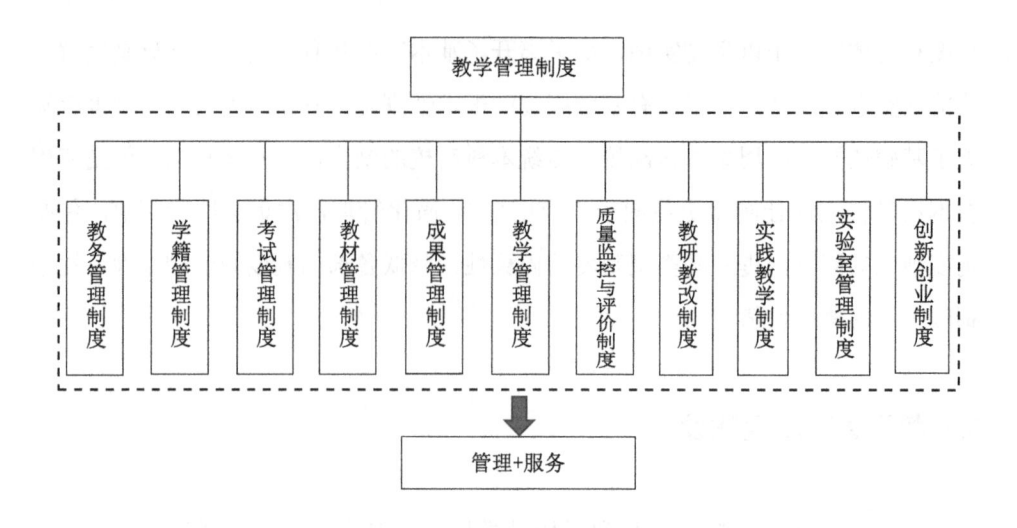

```
                              教学管理制度
    ┌──┬──┬──┬──┬──┬──┬──┬──┬──┬──┐
   教务 学籍 考试 教材 成果 教学 质量 教研 实践 实验室 创新
   管理 管理 管理 管理 管理 管理 监控 教改 教学 管理  创业
   制度 制度 制度 制度 制度 制度 与评 制度 制度 制度  制度
                                价制
                                 度
                              ↓
                            管理+服务
```

图 3-2 教学管理制度分类模块图

3.2.1 教学管理制度存在的问题

目前，在部分高校中，仍然把教学管理与教学执行分割得很清晰，以至于管理工作在做，教学活动在执行，可两者之间却问题频发。常常是出了问题再找制度寻求庇护或钻制度空子。

1. 教学运行与教学制度耦合度不高

（1）教学活动没有依托教学管理制度来开展，教学管理制度不能保证教学活动的秩序。目前，在部分高校中，管理人员每天抱怨教师不看制度，而教师抱怨制度不合理，但是双方都没有进一步的行动，致使问题持续存在。

（2）教学管理的改革没有为教学改革服务。在许多高校中，教学改革仅仅被当成研究项目，多数是一线教师针对课程或教学方法等的探讨，缺少对制度的探讨。即使对制度进行探讨后形成论文或报告等成果，也缺少进一步的推广应用，很少反馈给教学管理部门。

2. 教学管理体制机制科学化水平不高

（1）民主管理程度不够。部分高校的管理者认为，管理是艺术科学，不是一线教师能够参与的，需要有多年管理经验的人来承担相关工作。这样的意识显然增加了不稳定因素，导致管理的内在动力不足，外在动力几乎没有。

（2）基层调研深度不够。中高层管理者与基层一线教师互动不够，甚至没有。部分教学管理的中高层领导甚至不认识基层一线知名教师、青年有为的教师，或者仅仅知道名字，没有任何工作上的沟通。教学管理制度基本都是自上而下的，即使有征求意见环节，也多流于形式。

（3）教学管理人员科学化水平不高。部分高校对教学管理人才队伍的建设关注不够，认为教学是核心，主导力量在教师，严重忽视了教学配套管理条件的建设。教学硬件可以因经费投入而改善，而人才队伍需要长期不断地投资建设。教学管理人员的科学化水平不够，导致制定的规章制度站位不够、可行性不高，更谈不上激励作用。

3. 制度宣传力度不够，对实施过程中的错误缺乏纠错机制

（1）对基层一线的实施意见、实施反馈不够重视。部分教学管理部门在制定规章制度的时候，常找一些其他高校的现有制度作参考，往往是简单修改一下就下发给基层征求意见。对于这样的制度，基层根本不愿意看，即使有个别反馈意见，管理部门也没有相应的解释和讨论。在正式文件下发以前，基层人员也不知道意见反馈的结果。久而久之，制度征求意见稿几乎就成了最终稿。

（2）对于制度或规定实施过程中的失误，没有处理措施。部分教学管理部门的制度和规定与实际执行过程完全不一致，且不进行任何解释，更有甚者，发现错误后不纠错。个别制度在首次执行时已经出现问题了，后续仍然无纠正，导致每次遇到制度外的问题，都需要上会讨论，不去思考如何规范规章制度。

4. 高层领导对上级文件的理解力及执行力不够，综合素质偏低

（1）涉及教师自身利益的项目组织管理不透明，不能完全按照省级文件执行（如对初始条件不能严格把关），对国家、省下发的教学活动组织相关文件理解不到位，执行力不够，有不担当、不作为现象。管理者在处理业务时，避重就轻，不想得罪人，最终导致教师之间形成恶性竞争。

（2）对上级文件精神的落实不够及时，制定的管理制度存在严重的滞后性、临时性。部分教学管理人员缺少刚性执行能力，更没有柔性管理意识。在落实上级文件时，最好的情况就是照抄照搬，至少保证是按照文件执行。不调研校内实际情况、害怕担责任、不敢违背上级领导意愿、不愿听基层反对的声音，一个制度的改革需要1～2年甚至更多的时间；有时为了应付各类检查，临时制定制度，将制度变成了一次性约定。

5. 重管理轻服务，缺少为教师服务等相关政策

（1）多数制度都集中在各种规定、约束中，看不到服务内容。教学管理是服务于教学工作的，教师要按照规定执行教学活动。同时，制度中也应该存在维护教师权益的内容，不能一味地约束。教学管理制度应该明确管理部门能够为教师提供的软、硬条件，然后在此条件上约束教师行为，为教学质量服务。

（2）教学管理人员"官本位"思想依然严重，对服务师生的理念认识不足。多数高校中管理人员和教师交流不够，进而导致了教师对管理人员也存在不够尊重或看不起的现象。

3.2.2 教学管理制度的构建策略

教学管理制度存在的问题或多或少地存在于各个高校。而对于应用型本科高校而言，由于在学习其他高校的过程中，没有找好自己的定位，导致在规章制度上照抄照搬者居多，问题显得更加突出。针对上述问题，本节列出构建应用型本科高校教学管理制度的策略，辅助其教学管理工作的运行。

1. 明确教学管理的地位和教学管理制度的作用

规矩要立也要守，但什么样的规矩能立得住、守得住，这是制度制定人需要考虑的重要问题。教学管理是教育教学体系的重要内容，在应用型本科高校里占据了绝对核心的位置，其他工作围绕教学工作进行。所以，教学管理制度要做到有点、有面，全而精。

教学管理制度是为强化教学管理、稳定教学秩序、加强教学质量控制而制定的教学规章、制度、条例、规则、细则、守则等。它具有一定的法治效应和约束力，是全体师生和教学管理人员必须遵守的教学行为准则。它是教学管理系统的重要组成部分，是实现教学管理科学化和教务工作规范化的基础。

完善的教学管理制度能够保障教学秩序、提高教学质量和人才培养质量、建立完整的教学体系，进而提升学校的整体影响力。

2. 重视教学管理人才队伍建设，吸纳一线教师参与管理

高校的教育教学水平，取决于教师队伍的整体水平。而建设优质教师队伍的前提是有一支规范、合理、高效的教学管理队伍。近年来，大量的普通本科高校在向应用型本科高校转型的过程中，吸纳了大量的一线教师，教师队伍在教学水平上、数量上有所提升，但从整体上来说，并没有突出的成果显现。产生这一现象的原因之一便是缺乏精干的教学管理队伍。刚刚转型的应用型本科高校把有限的经费都投入一线教师队伍建设中，对教学管理队伍的投入少之又少。试想一下，故步自封，在用老一套方法进行管理，每天疲于完成领导交付的任务，如何提升管理水平？

教学管理队伍和一线教师队伍的关系是相互促进、协同发展的，任何一方想独立发展都是不可能的。协同关系的建立需要从上到下的支持，以及从下到上的理解。按照强、弱群体分布，先有支持，才有理解。所以高校领导要有能力解决教学管理人员和一线教师人员之间的矛盾，否则很难提升学校整体教学水平。解决矛盾的办法之一就是吸纳一线教师参与教学管理，给予有能力的管理人员任课的机会，甚至任核心课的机会，让他们在角色互换中发现问题、解决问题，有条件的还可设置轮岗机制。

3. 制度执行要具有强制性，制度管理要刚柔兼顾

制度是约束，约束要具有强制性。既然具有强制性，要想顺利执行就必须具有可行性，并减少弹性可变的存在，而不是每次执行都要解释，甚至出现不同的人解释也不同的现象。

制度是死的，人是活的。在制度的执行过程中，管理人员要积极主动与一线教师沟通，而不是被动等待质疑。"以人为本"是高校教学管理理念的基础，是现代教育基本价值观的体现。所以高校在进行教学管理工作时，要做到尊重人、关心人、理解人、依靠人，在这样的理念下制定的制度，既能实现约束，也能实现约束下的服务，体现出管理柔性。

4. 制度建设要有体系，在框架体系内做到层次分明、权责清晰

在制度建设中，先有制度体系框架，要分析清楚框架下各个层次及制度之间的关系，即是先、后序关系还是部分交叉关系。制度间一定要减少重叠，尤其是要避免重叠部分说法不尽一致的问题。

任何制度都要权责清晰。教学管理制度应围绕教学工作流程，按照教务管理、教材管理、考试管理、学籍管理、质量监控与评价、教研教改、实践教学等模块进行业务运行与管理。相关制度要按照层次及类别进行分类划分，同一类别内的制度具有相对较高的内聚度，不同类的制度之间也并非必须完全独立。在制定制度前，先弄清楚制度所在层次、服务对象，是办法、规定还是细则。所有这些问题清楚以后，就要考虑制度本身包含的要素，即依据、目的、适用范围、主管机关（或单位）、行为规则、违规处理、奖励措施、名词界定、解释单位、施行日期、废止条款等。

3.3 科研管理制度建设

科研管理制度是高校科研工作正常开展的保障，能为高校科研事业发展营造健康有序、公正平等的良好环境，促使科研管理步入科学、规范、有序的发展轨道。但是，什么样的科研管理制度才能符合科研自身的发展和规律呢？这是一个需要长期不断思考的问题，且需要在不断修订制度的过程中再思考。不同的高校，科研基础条件不同，能力差异有大有小，不能用相同的制度来管理和服务。国家和各省科研管理部门一直在"放管服"上提出指导思想，需要各个高校制定符合自身实际的具体实施办法。当具体办法与实际不相符合时，必须及时修订。所以，即使是制度，也不是一成不变的。

高校科研管理业务比较集中和统一，管理方式大同小异，各个高校需要在具体实施的过程中，制定符合自己特点及工作流程的办法。图3-3列出了科研管理制度的基本分类。

科研管理制度
├─ 项目管理制度
├─ 成果管理制度
├─ 社会服务制度
├─ 科研奖励制度
├─ 科研经费制度
├─ 团队建设制度
├─ 平台建设制度
├─ 设备管理制度
└─ 学术不端制度

↓

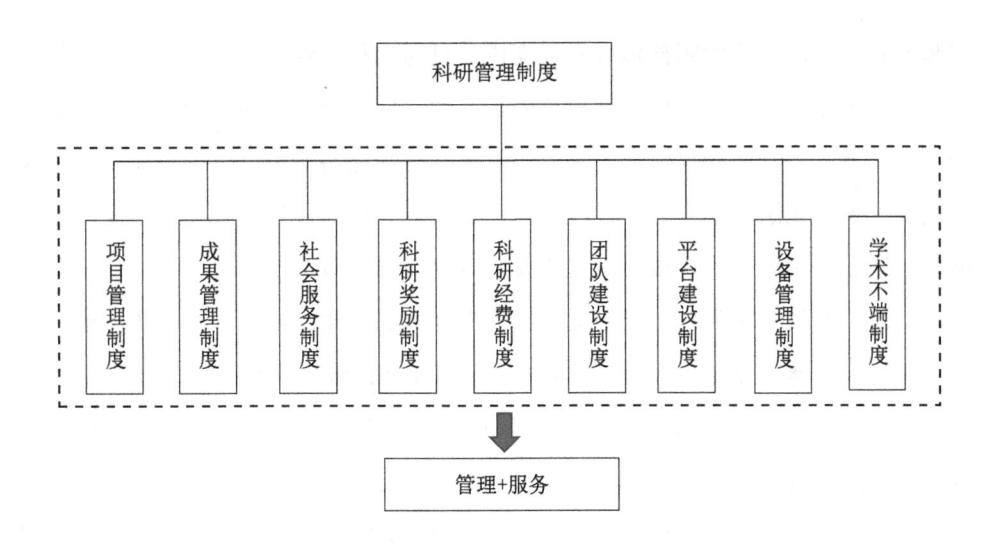

管理+服务

图 3-3 科研管理制度分类模块图

3.3.1 科研管理制度存在的问题

1. 对科研管理工作的重要性认识不够

对于应用型本科高校来说，科研并不占据核心位置，所以有些高校比较忽视科研工作，认为没有高水平的科研项目或论文，就不用在科研管理上投入更多。我国应用型本科高校部分来自原来的三本或专接本院校，这些院校甚至没有独立的科研管理部门，只是分配 1～2 个人管理一下，基本没有成形的体系与制度。

2. 没有厘清制度间存在的联系和区别，制度与实际运行情况不匹配

部分应用型本科高校，因为没有在转型发展中明确找到自己的办学定位，总是边学边看边模仿，别的学校出了什么制度，自己就出什么制度，国家或省里出台了什么指导文件，直接照搬下来就成了制度，完全不考虑自己学校的特点和需求，导致部分制度制定出来以后从来没有实施过，成了摆设。一些高校的科研能力本身就弱，加上没有像样的管理、激励和评价等制度，致使科研变成个人行为，始终没有太大成果。

3. 制度与应用不匹配，科技成果转化力量不足

科研管理制度的不匹配与不合理使高校人才密集、学科齐全的优势得不到充分有效地发挥。应用型本科高校处在发展的初期，许多工作都是边看边学。尤其在制度建设上，一味地照抄传统本科高校。目前，科研管理机构基本上做一些上传下达的工作，忽视了科研管理自身的创造性。应用型本科高校应该拥有一支综合了多学科、多专业的科研队伍，但实际情况往往是科研小型化、个体化、分散化现象严重，无法形成合力，多数教师为了科研而科研，导致缺乏真正意义上的创新，进而无法形成有效成果，致使成果转化基础能力不够。

4. 绩效考核、职称评定等相关科研量化办法不合理，学术不端现象严重

2018年，国家出台了《关于优化科研管理提升科研绩效若干措施的通知》，通知中明确了要强化科研绩效评价，完善分责担当机制。2019年，教育部党组印发《关于抓好赋予科研管理更大自主权有关文件贯彻落实工作的通知》，提出要进一步优化科研管理，提升科研绩效，赋予高校更大科研自主权。然而，制度只被用来形式化学习，在具体实施上进展缓慢。部分高校在绩效考核、职称评定等制度或办法制定的过程中，缺少充分的调研，只会和其他高校比较，脱离自身需求，使得最终的量化办法只有量的体现，没有质的价值，让学术不端钻了空子。

5. 缺少青年人才培养、高职称教师考核相关制度，排资论辈现象严重

每个高校都有人才引进的相关制度，但多数高校缺少人才引进后的培养计划及政策支持。把人领进来了，不给平台、不给团队，那么这个人如何带领团队，如何发挥带头人作用？有的年轻博士进校以后，被大量的教学任务压得没有时间做科学研究，久而久之，热情不再，忘记了进校时的初心和使命，年纪轻轻就出现"躺平"现象；有的年轻博士进校后，遭到老教师或其他教师的嫉妒和排挤，没有资源和人脉，发展之路步步艰难。如果引进高科研水平的教师只为讲课，必然是大材小用，甚至有些科研能力很强的教师不能在讲课上面发挥优势。还有部分已经获得高级职称的教师，在没有考核制度的约束下，常处于"躺平"状态。由此可见，激励、培养及考核制度必须一体化，缺一不可。

6. 科研行政化严重，科研管理空间自主性很小

（1）科研属于业务型工作，但是在部分高校中，行政对科研的干预度过高，哪个项目好不是评审出来的，而是由领导决定的。有的学校的学术委员会组成没有遵循国家《高校学术委员会章程》规定，校长仼主任，委员们多数是各二级单

位行政领导，当讨论事宜涉及自身利益时，出现了各自争抢资源的现象。

（2）没有厘清"管理权、学术权、决策权、监督权"是包含关系还是平行关系。即使部分科研业务存在交叉，也要分清权责，保证各项权利的平行关系。许多高校的行政部门把管理权和决策权紧紧抓在手里不放，不尊重学术权和监督权，导致学术人员和管理人员矛盾较多，阻碍了高校科研创新能力的提升。

7. 科研项目评审制度不完整，评审责任及过程不够明确

（1）缺少科研信用体系。评审过程是信用管理的重要环节，它能够决定一个人或一个团队能否获得"人才或项目"的资助资格，是一件极其严肃的事情。目前在科研评审过程中，各高校、科研院所或行业部门基本上都使用"同行评议"方法，引入第三方来进行评估，最大程度地保证了评估结果的公正性与客观性。但事实上，评审过程仍然存在问题。比如：专家研究领域与被评审对象不是一个学科，即使是一个大学科，研究小领域仍然不同；如果分组太细，评审成本又过高，对于一些级别不是特别高的项目，不太适用。归根结底，科研领域缺少信用制度约束，缺少信用体系的构建，现有的诚信约束也没有达到广泛性、普及性。

（2）评审过程及结果不够透明。目前，多数项目评审经过通信评审、会议评审两个阶段。许多项目在评审各个阶段都没有意见反馈，被评审人不知道自己项目被淘汰的原因，无法有效进行下一步的改善和提升。有的项目通过了通信评审，在会议评审被淘汰，但淘汰意见寥寥无几或比较笼统，导致申报人将矛头指向项目评审组织单位，影响了科研工作的正常进行。

（3）科技创新支持力度不够。目前，应用型本科高校的科研现状仍然是拼命争抢纵向课题，没能力外联横向课题。纵向研究水平不高，不能很好地服务地方经济，教师们辛苦几年的成果没有转化机会。导致这个结果的原因很多，例如高校领导不够重视、科研投入太少、缺少科研平台、鼓励制度缺失等。

8. 科研经费管理制度不完善，过程不规范

（1）预算不合理。相当数量或比例的纵向科研项目在经费预算时，随意性很强，没有按照实际需要，不能真实反映预期所需成本，实际支出与预算偏差太大。项目经费的实际支出与预算有一定差异是正常现象，也是真实存在的，但是

差异太大反映了项目研究基础不够、研究思路不清等较多问题。同时，程序不规范，账目混乱，导致审计出现的问题较多。

（2）按照国家"放管服"要求，科研账目报销不能与政务报销混淆，科研有其固有的特性，要给予研究人员自主权，不能"一刀切"。不重视科研人力投入价值是导致经费支出混乱的主要原因。

（3）缺少科研经费监管人员。很多应用型本科高校没有设置专门的科研经费管理人员，导致管理财务的人员不懂科研，间接增加了科研报账的难度，影响了科研经费支出的进度。

（4）财务制度不够完善。多数高校基本照抄照搬国家或省部级文件，没有根据自己学校的科研性质、需求和特点进行量身定制。国家或省部级文件是上层文件，给下层留有自行制定的空间，而有些高校没有或者不敢作出进一步规定，担心审计出现问题，逃避责任。

3.3.2 科研管理制度的构建策略

在应用型本科高校中，因教学占核心地位，所以教学各方面的投入基本大于科研投入。近年来，一些专升本的高校几乎不为科研投入，在科研方面没政策、没团队、没平台、没经费。这种做法严重地禁锢了科研的发展，导致学校的科研工作不成体系，不达规模，形不成团队力量，更谈不上通过科学研究为地方经济服务。所以，高校科研管理体系的构建需要认识明确、政策到位、方法科学。

1. 提高科研认识，明确科研在应用型本科高校转型发展过程中扮演的角色

科研不是和教学抢资源、抢经费，而是与教学相辅相成、相互促进。教学是科研的前提和基础条件，科研是提高办学水平和教学质量的关键，科研与教学的结合是高素质、创新性应用型人才培养的重要途径。应用型本科高校的科研必须具备应用性、地方性和服务性三大特点，其所扮演的角色不再是传统的科学研究，而是科学应用，其发展的好坏将直接影响高校的社会地位、学术水平、教学水平、学校声誉、社会认可度、核心竞争力等。

2. 以服务地方为主，建设适应应用型本科高校科研的制度体系

应用型本科高校的科研与传统本科高校的科研区别较大，不能以纵向课题级

别、数量为主要参考指标，而是应该拓宽应用面，采用产教融合模式，鼓励科研人员与应用单位"联合研发"，通过"政策激励"和"应用科研"等方式，推进"科研与社会服务"项目，从政策制度上提出积极有效的措施，遵循"门槛低、落地快、覆盖广"的原则，全面动员科研人员参与进来。当参与度上来以后，逐步调整策略，修订办法，释放政策红利和激励政策，使得制度与科研能力自适应。

3.以需求为导向，充分满足教师发展需求，提供教师发展空间

即使是国家重点高校，也存在科研与成果转化脱节的问题，这也是创新链条断裂的重要原因之一。应用型本科高校的教学内容源于应用需求，科研也不例外，需要建立以需求为导向的科研管理制度。科研需求可以分为外部需求和内部需求。对应外部需求，科研管理部门可以利用"政产学研用"多方协同平台，联合相关主体全方位协同参与，推动科研成果产业化转化，加强供给结构对需求变化的适应性。要做到这一点，首先要有完善的政策支持，构建有利于成果转化的产业生态和政策环境，加强服务和引导，从政策导向和技术供需两侧解决相关问题。对应内部需求，要充分满足教职工的个人科研需求，包括职称评定、个人发展等，从政策上让教职工感到目标的"可达性"，经过个人努力能够完成，而不是让人望而生畏。

4.强化服务意识，转变科研管理方式

在科研管理方面，要普及"放管服"理念，全面实施项目负责人管理制度。在高校科研管理机构的行政职能上，要注意实现从管理型职能向服务型职能转变，不要只关注经费是怎么花出去的，而是要协助项目组有效地使用经费，顺利完成项目。在管理方式上，要推进从微观管理方式向宏观引导方式转变，把握上级科研主管部门对项目的整体要求，处理可能出现的项目整体执行上的问题，而不是形同负责人一样，关注项目具体开展上的事宜。

5.考虑学科差异，完善科研绩效评价体系

要在公平的基础上，以提升学校综合科研能力水平、提高科研人才培养质量为最终目标，不断完善科研绩效评价体系。高校教师因为职称评定问题，每年都会出现矛盾冲突点，而这种冲突源于绩效考核标准不能覆盖多学科、多领域。所

以，绩效评价体系要尽量做到多样化、全面化、标准化。可以放权到二级、三级管理部门，制定满足各自学科领域需求的具体实施方案。全面化的绩效评价标准不仅要重视科研成果的学术价值，也要重视其经济价值和社会价值，要能从多角度进行评价。应用型本科高校要加大"应用"的比重，符合学校发展的需要。

6. 利用现代信息技术，完善科研管理系统

一个完善的高校科研管理系统，要能在完成基本业务流的基础上，具备数据的对接功能，即能够和人事、财务等部门实现数据的流通，减少信息孤岛的存在，进而完成数据挖掘与分析；能够从现有的科研数据中，得出信息提示，完善政策制度、优化资源配置，为管理人员提供客观的决策支持，为高校制定科研发展战略规划起到重要支撑作用。

7. 合理选择评审专家，进一步完善项目评审过程

项目评审是很严肃的事情，要做到"公开、公正、公平"，需要全面考虑问题。完善项目评审工作的措施包括：建立科学家信誉档案提供基础数据；尽可能选择知识面宽的专家，尽量避免会议归并带来的"评审搭顺车"现象；遵循"回避制度"，评估者有权利提出回避对象；限制打分区间，给出打分理由；评审时间应适度，避免过长或过短；等等。虽然多数高校采取"第三方评审"方式，较好地避免了"熟人打招呼"问题，但对于上级部门的限项要求，内部评审依然存在多个评审盲点。

8. 科研经费专款专用，单独设置科研经费管理人员

按照国家经费管理办法，科研经费必须专款专用，但在实际的项目管理中，许多高校做不到，挪用科研经费现象较严重。部分高校科研经费管理与行政账目管理方式一样，没有执行"放管服"规定，导致科研报账层层审批，耗时耗力。为了解决科研经费报账难问题，在专款专用的前提下，可在财务处设置专人管理科研经费；项目组设置专人负责账目报销，最大限度地保证对接顺畅。

3.4 人才管理制度建设

建立和完善人才培养机制，合理地挖掘、开发、培养管理干部和一线教学、科研人才，建立符合应用型本科高校发展的人才梯队，是高校人才管理制度建设的总目标。一个完善的人才管理制度体系应该包括组织管理、人才发展管理、绩效管理、薪资管理、岗位聘用管理等。图3-4列出了人才管理制度的基本分类。

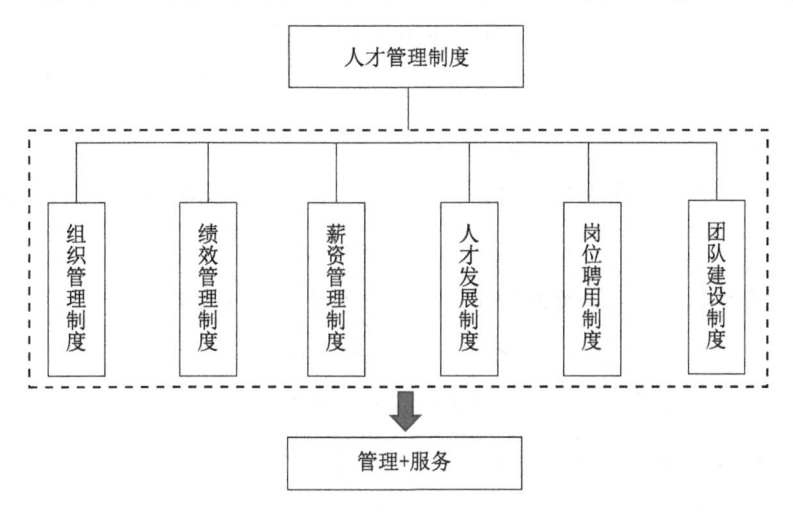

图 3-4 人才管理制度分类模块图

3.4.1 人才管理制度存在的问题

1. 人才聘用及评价机制不完善

（1）缺少合理的用人机制。高校在用人方面有一定的自主权，但由于整体要求的限制，如学历、毕业院校等，导致人才紧缺的专业不能及时招聘到合适的一线教师。为了完成人才引进指标，学校只能招聘相关专业人员，专业不对口现象严重。专业不对口，研究方向不集中，人才的积极性、创造性和潜力缺少发挥的机会和动力。

（2）人才评价机制不健全。人才的多元化使得学历与职称不再是表现人才的绝对因素，而专业的技术、灵活的思维、卓越的领导能力等素质成为衡量人才的重要指标。高质量的人才不仅要掌握某些专业的理论知识，还要能够运用这些知识来解决实际的问题。用人单位要根据人才的特点充分发挥人才的长处与优势,规避其缺点与劣势,从而促进人才潜能的全面发挥。

2. 职称终身制不利于人才培养的持续性发展,缺少考核管理

(1)竞争、激励体制缺失。高校教师的职称一旦确定,通常情况下不会发生改变,导致教师只重视职称和待遇,不重视自己的岗位职责。学校缺失岗位职责的考核,不能实现资源的合理配置,使得一些高级职称的教师占着重要的岗位但不履行岗位职责,严重影响了师资队伍中拔尖人才、青年学者的成长。

(2)平均主义思想依然严重。应用型本科高校的一些教师,整体学历、职称等基本素质相对偏弱,还有一些老教师跟不上时代步伐,无法达到现在的岗位要求。因为这样的人不在少数,学校的绩效改革较难推进,学校为了减少矛盾,事事讲平均,没有按劳分配理念,没有明确的激励性引导政策,更没有明确的惩罚措施。

3. 没有提供适合人才发展的条件,导致人才流动性较大

(1)科研启动经费普遍偏低,且高低差异性较大。目前,高校抢人大战依然持续,为了吸引人才,各大高校在安家费、科研启动经费上给出了自己能够承受的较高标准。既然是较高标准,为何吸引不到人才?从各高校人才招聘网上可以看到,科研启动经费往往"一刀切",例如,教授30万、副教授15万等,只有职称差异,没有学科差异。事实上,真正产出成果较多的是中青年教师,但他们普遍职称偏低;职称越高的教师年龄越大、科研潜力越弱,如果没有组织科研团队,是不可能完成科研项目的。在人才引进方面,一个带头人,在一个新的环境下融入新的团队并不是很容易的事情。不同的学科的经费需求有很大不同,有的学科很容易做实验、出数据,成本较低;有的则相反。所以,科研启动经费应该按照学科划分,同时应根据高校自身需求和地方人才需求的紧急程度有所不同,不应该"一刀切"。

(2)没有提供人才发展的平台。人才引进以后需要培养,而不是任其自我发展。高校考核人才的标准主要看教学和科研成果,教学要靠自身的教学能力和学校教学软、硬件条件,科研要靠自身和团队的科研能力及相关平台。很多学校的教学环境和科研平台,都是等着有经费了再启动。高校需要积极构建高层次人

才的发展平台,并从机制体制的创新、分配制度的改革、后勤服务的保障以及管理水平的提高出发,全面推进平台工程的建设和发展。

4. 人才结构不合理,用人机制不完善

近几年来,各大高校人才招聘人数都不少,但人才结构依然不合理。主要原因有:新招聘的年轻人才稳定性不好,尤其是中青年教师。这侧面体现了高校用人机制不完善,导致了人员流动性较大。招聘时只看中"量",忽略了"质",导致人才在学科分布上不均匀,有的过于集中,竞争激烈,有的过于分散,无法形成团队,承担不了重大项目。

3.4.2 人才管理制度的构建策略

1. 建立现代人力资源管理理念,细化岗位评审标准

根据学校自身岗位需求,对人力资源管理工作进行长远规划,建立一套人力开发、利用和管理系统。明确岗位职责,建立科学的人才管理模式。目前,许多高校要么缺少岗位评审制度,要么评审标准过于笼统化,并没有针对综合实力不同的人员进行细致甄别,造成了高校职工之间的矛盾,影响了高校人才的良性竞争。有的高校在岗位聘用上仍存在"身份"识别,用关系拉选票,未真正实现由身份管理向岗位管理的转变。所以,需要把评审标准细化,必要时要划分学科、专业以及同一学科的职称比例,建立一支结构合理的教师梯队。

2. 建立和完善绩效考评机制,确保考评的客观、公平、公开、全面、及时

绩效考核关系到教师的薪资、发展等问题,对于教师来说非常重要。所以,高校应建立科学的考评机制,使得考核的内容覆盖全面,例如包括成果与业绩考核、能力考核、态度考核、适应性评价等诸多方面。同时,绩效考评标准、方法要科学合理,要充分考虑到学科的差异性。每年考核结束后,要做好信息反馈和总结工作,及时修正存在的问题,使得考评制度与学校、教师发展相适应。

3. 设置合理的岗位数量与科学的岗位结构

岗位设置是教师岗位聘用制度的前提,科学合理的岗位设置是保障该制度达到既定目标的关键。在岗位设置工作中,要充分考虑岗位数量的合理性与岗位结构的科学性。岗位设置参考原则为"总量控制、因需而设、效能优先",要始终

遵循按岗设需的原则，严格控制岗位数量及岗位人员的招聘数量，避免造成人力资源的浪费；全面考虑高校自身的实际情况，结合高校的办学特色、学科设置及其发展目标，科学设定岗位结构，保证高级岗位数量充足，合理协调各类人员之间的比例。

4.优化资源配置，提供稳定的人才发展条件

中共中央印发的《中国共产党组织工作条例》指出，"要推进人才资源的优化配置，充分发挥市场的决定性作用和更好发挥政府作用"，要盘活存量、激发增量，为人才干事创造条件，为人才成长提供沃土，开创"人人皆可成才、人人尽展其才"的生动局面，实现人才工作与大局工作同相互驱、同频共振。高校人才发展制度的决定性作用是稳定人才的关键。在政策上做好人才资源和人才条件的调配，在招聘人才的同时，也要注意自有人才的培养问题。有的高校只注重引进政策，不注重培养问题，导致人才流失。还有高校用"不放走"或"高违约金"来控制人员流动，没有意识到问题的根本在于自身缺少促进人才成长的条件。

3.5 学生管理制度建设

学生工作的核心问题和主体对象是学生。有效开展学生工作就是要最大限度地激发学生学习的创造性和创新性、参与活动的主动性和积极性，同时做到协调学生间的关系，增强学生的集体凝聚力等。学生管理制度能够规范学生的日常行为，同时也能激励学生发挥其最大潜力。高校推进学生制度建设是提升依法治校水平的具体实践，是建立现代文明大学的重要途径。图3-5列出了学生管理制度的基本分类。

```
                    ┌──────────────┐
                    │  学生管理制度  │
                    └──────────────┘
```

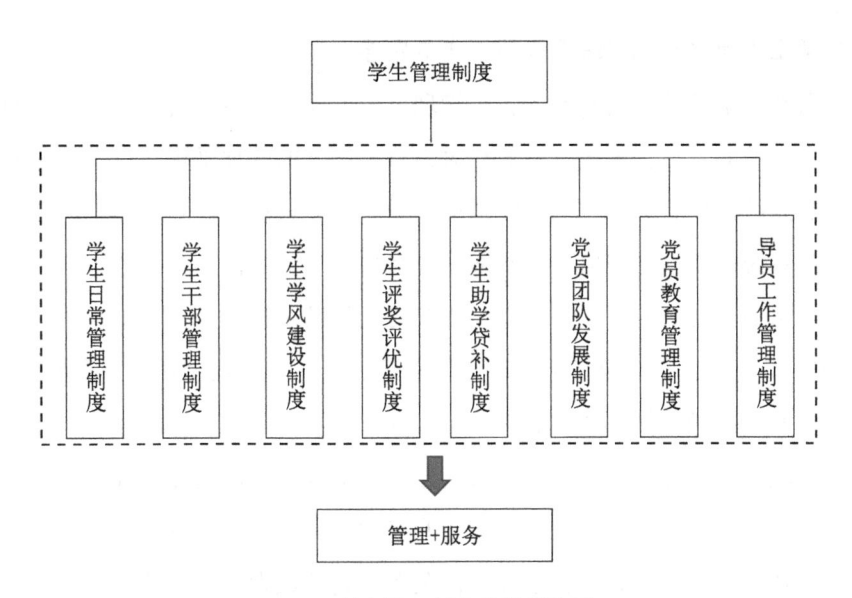

图 3-5 学生管理制度分类模块图
（学生日常管理制度、学生干部管理制度、学生学风建设制度、学生评奖评优制度、学生助学贷补制度、党员团队发展制度、党员教育管理制度、导员工作管理制度 → 管理+服务）

3.5.1 学生管理制度存在的问题

1. 管理理念僵化，管理模式单一

一些应用型本科高校正处于转型发展期，许多高校的学生管理制度建设理念依然陈旧，更多的注意力放在了教学管理上，忽视了学生管理的重要性，认为不出事就是管理得好。过分强调组织性、纪律性和服从性，没有践行"以人为本"的教育理念，忽视学生个性化发展，不符合多元化教育模式，更没有把握素质教育的核心内涵，制度更多体现的是管理上的流程，忽视了内容的科学性、合理性。

2. 忽视制度修订的重要性，不适应学生的发展需求

时代在进步，社会在发展，人也在不断地提高层次。发展就应该有与发展相匹配的制度，而学校现行的学生管理制度只考虑管理人员如何办事，不考虑如何将学生带入管理工作中，使得制度与学生实际情况脱节。制度是用来指导和约束工作的，当现实情况发生改变时，要及时修正制度，保证其与实际工作流程相符，而不是将现行的工作约束在老的制度当中。否则，不仅降低了工作效率，也限制了学生的自身的发展，更限制了学生管理工作的全面开展。

3. 学生管理信息化网络平台的搭建不完善

随着现代信息技术的发展,各个管理机构都建立了符合自己工作流程的信息管理平台。尤其是教育系统,有着相对完整和统一的管理平台。几乎所有的高校都有信息系统,但有关学生的功能却很单一。学生只在学校和教师下达任务时才使用信息系统。学生管理信息化网络平台有待进一步完善。

4. 学生创新创业相关政策缺失,现有制度零星分散

2014年夏季达沃斯论坛上,李克强总理提出了"大众创业、万众创新",至此,高校开始对教师和学生提出了创新创业的要求。但是,多数高校要求居多、支持配套较少,仅有的几个制度还极其分散、不成体系,无法有效指导师生创新创业,使得高校创新创业比例较低。在国家和省级部门组织的创新创业比赛中,应付了事者居多、真花心思者较少。甚至有的高校认为自己的教师和学生的创新水平达不到标准,没必要浪费精力,进而直接导致了创新创业环境较差,学生创新创业能力偏弱。

3.5.2 学生管理制度的构建策略

1. 以人为本,全面构建素质教育制度体系

全面推行素质教育的核心是要引导和教育学生在思想道德素质、专业能力、个性发展、身体和心理健康等方面全面发展,提升学生的综合素质。在这一背景下,各高校应注重用习近平新时代中国特色社会主义思想武装大学生头脑,全面贯彻党的教育方针,从制度上体现对学生的支持、培养和教育。例如,制度上要注重柔性管理观念,重视学生心理和行为的健康;尊重学生个性化的发展,使其由被动变主动,从意识到行为上都主动适应学校的管理等。学生综合素质教育不只是专业教育,应该是专业教育、创新创业教育、思想道德教育等多方面的集合体。同理,学生管理不只靠一个制度的支持和鼓励,需要多个部门、多个制度联动,互相补充,形成一个完整的制度体系。

2. 动态迎合学生发展,符合社会对大学生的基本要求

学生管理工作制度相比于其他制度来说,需要更加规范和详细。然而,部分高校的学生管理制度偏于框架式,即使到了二级学院,依然过于笼统。有的高校

认为：制度过于详细，操作余地就缩小了，出了问题不好处理；制度过于详细，需要频繁修订，耗时耗力。笔者认为，这都是推卸责任的表现，如果制度多年不变，证明该项工作也是原地踏步。在具体项目的管理中，制度条款与学生实际不相符的情况会很多，需要及时修正现有制度。大学生思想活跃，创新能力较强，因此与之相适应的学生制度必须根据实际情况及时修订，甚至把制度修订当成固定业务，定期调研和修改，动态迎合学生实际的发展，从而符合国家和社会对大学生的期望和要求。

3. 积极搭建信息化网络平台

高校要充分认识到网络资源丰富、信息直观生动、便于交流、方便联系等特点，积极搭建学生管理信息化网络平台，并鼓励学生主动参与进来。通过信息化网络平台，教师可以及时准确地掌握学生思想动态和行为状态，掌握学生的思想教育主导权。各大高校应努力实现学生管理的网络化、信息化、智慧化，充分挖掘新的管理空间。

4. 构建创新创业制度体系，优化创新创业环境

完善的创新创业制度体系是提升大学生创新创业能力、优化大学生创新创业环境的基础。应用型本科高校应看到学生的强项，充分因势利导、取长补短；设置专门的创新创业部门，提供创新创业环境，鼓励和引导学生走上自主创业的道路。

3.6 小结

当前，应用型本科高校处于发展期，需要完善的制度体系作为改革发展的基础和依据。尤其是在教学、科研、人才和学生这些对学校发展起着至关重要作用的建设领域，更需要适应当前时代发展需求的制度支持和保障。

本章围绕应用型本科高校制度建设，重点研究了如下内容。

（1）阐述了应用型本科高校制度体系建设的意义和作用，并设计了制度体系框架。

（2）以教学、科研、人才和学生制度体系建设为例，设计了应用型本科高校在这几个方面的制度分类模块，便于高校各部门在分类模块基础上，进行具体制度的制定和实施。

（3）分析了应用型本科高校在教学、科研、人才和学生制度体系构建过程中存在的管理、运行、效果等方面的问题，并针对具体问题给出了制度构建策略，为应用型本科高校的发展提供了理论参考依据。

第4章 新建地方应用型本科高校的师资队伍建设

2015年12月,教育部、国家发展改革委和财政部三部门共同发布了《关于引导部分地方普通本科高校向应用型转变的指导意见》,对地方应用型本科高校建设的重要意义、指导思想、基本思路和发展主要任务进行了清晰的阐述,并且对应用型本科高校人才培养模式建设、课程改革方向、实习实训基地建设和师资队伍建设等分别提出了建设要求。文件明确提出,加强高校师资队伍建设是地方普通本科高校转型发展的主要任务之一。作为地方普通本科高校,在转型发展的过程中,要切实构建起产教融合的人才培养机制,大力培养产业行业发展需要的应用型人才。而要实现这样的人才培养目标,建设一支质量过硬、规模适度、结构合理的"双师双能型"教师队伍是关键。同时,让"双师双能型"教师队伍与"双创"教师队伍同向同行,走内涵式发展道路。

4.1 "双师双能型"教师队伍建设的意义

2023年5月29日,习近平总书记在中共中央政治局第五次集体学习时强调,教育兴则国家兴,教育强则国家强,建设教育强国是全面建成社会主义现代化强国的战略先导,是实现高水平科技自立自强的重要支撑,是促进全体人民共同富裕的有效途径,是以中国式现代化全面推进中华民族伟大复兴的基础工程。百年大计,教育为本。教育大计,教师为本。强国先强教,强教先强师。党和国家历来重视教育、教师工作。党的十八大以来,以习近平同志为核心的党中央坚持把教育摆在优先发展的战略地位,对教育改革发展作出了一系列重大决策部署,推动高校教师队伍建设取得了显著成就。2020年12月,教育部等六部门联合印发的《关于加强新时代高校教师队伍建设改革的指导意见》(以下简称《指导意见》),从落实立德树人根本任务、加强思政建设和师德建设、提升教师素养和创新能力、完善高校教师管理制度、优化分配制度和服务体系、培养支持青年教师成长等方面,准确地分析了当前的形势和任务,提出了具有全局性、建设性和前瞻性的指导意见。

目前,大部分应用型本科高校还处在建设初、中期阶段。教师作为高校成员核心力量,无论从其自身发展,还是从高校团队建设、人才培养、科学研究、社会服务等方面来看,一支质量过硬、规模适度、结构合理的"双师双能型"教师队伍的建设是所有应用型本科高校面临的一项艰巨而迫切的任务。

4.1.1 有利于实现应用型本科高校的发展

目前,应用型人才培养的质量与规格与经济的发展和需求、行业的发展和需求仍存在一定的差距,人才培养目标、课程体系设置与人才需求供给在一定程度上还存在脱节现象。要想实现应用型本科高校的快速发展,真正提升学生的专业实践能力和专业综合竞争力,培养具有深层理论知识和较强实践能力的高层次应用型人才,必然需要建立起一支素质高、业务精、能力强、结构优的高水平"双师双能型"教师队伍。因此,"双师双能型"教师队伍建设是新建地方应用型本科高校主动适应现代高等教育服务于社会经济发展的重要举措之一,更是提高教育教学质量和实现应用型人才培养目标的关键。

4.1.2 有利于提升教师队伍的整体专业素养

随着大数据时代的到来,产业转型升级、区域经济结构调整、创新驱动发展战略等政策的实施和落地,对应用型教育的改革与创新提出了更高更新的要求。在这样的时代背景下,地方本科高校实行转型发展,就必须持续深化校企合作、产教融合、科教融汇,要推动人才培养模式的深入改革,为社会经济发展提供人力和技术技能的支持。毫无疑问,教师是人才培养的主体,转型发展与应用型人才培养对教师的教学能力、实践能力、科研能力和创新能力提出了更高更新的要求。教师必须转变观念,走出"象牙塔",深入企业,与企业进行深层次合作,补齐实践经验短板,不断实现教育优秀成果的实践转化。

4.1.3 有利于培养学生的实践能力和综合素养

提升学生的实践能力、创新意识和创业技能是应用型本科高校人才培养的目标，部分应用型本科高校教师存在实践经验短板，影响了学生实践能力和综合素养的提升。建设"双师双能型"教师队伍，不仅是应用型本科高校办学理念实现的重要方式，而且是整体提升学生的实践能力和综合素养的必经之路。只有在教师具有扎实的理论基础、多元的知识结构、较强的实践教学和应用研究能力、良好的职业道德和双师素质的条件下，学生才可能实现实践能力、创新意识和创新能力等综合素养的提升。

4.2 "双师双能型"教师队伍建设指导思想

《指导意见》给出了高校教师队伍建设的总指导思想：以习近平新时代中国特色社会主义思想为指导，落实立德树人根本任务，聚焦高校内涵式发展，以强化高校教师思想政治素质和师德师风建设为首要任务，以提高教师专业素质能力为关键，以推进人事制度改革为突破口，遵循教育规律和教师成长发展规律，为提高人才培养质量、增强科研创新能力、服务国家经济社会发展提供坚强的师资保障。

《指导意见》重点强调了以下三点内容。

（1）准确把握高校教师队伍建设的时代要求，落实立德树人根本任务。

（2）围绕现代高校教师管理制度改革建设目标，聚焦教师岗位管理、考核评价机制等共性问题。

（3）明确人才管理服务体系建设的方向，重视青年教师的培养，积极探索内涵式高质量发展的改革路径。

本书结合应用型本科高校教师队伍的特点，列出"双师双能型"教师队伍建设的具体指导思想以供参考：

（1）以树人为核心，以立德为根本，建设德才兼备，有品行、有能力、有担当的教师队伍。德才兼备，"德"前"才"后。引导广大教师以德立身、以德立学、以德施教、以德育德,加强思政、道德、法治等教育,做有理想信念、有道德情操、有扎实学识、有仁爱之心的"四有"好老师。

(2)以立德树人为目标,突出质量导向,建立和完善教师管理制度体系。拓宽选人用人渠道,简化进人程序,统筹编制资源,优先保障应用型教学与科研需要,配齐配优思政教师队伍。建立健全以能力、业绩和贡献为导向的教师人才评价体系,加快推进人事人才制度优化,按照"分类评价、注重实效"原则,分类制定不同学科的评价细则,建立教师分类评价体系,健全教师考核体系。

(3)以"特色学科"为引领示范,以"双师双能型"教师建设为目标,突出对"中、青年教师"的培养,优化和完善人才引育体系。调整现有教师队伍结构,改革教师聘任制度和评价办法,积极引进行业公认专才,聘请企业优秀专业技术人才、管理人才和高技能人才担任专兼职教师。有计划地选送教师到企业接受培训、挂职工作和实践锻炼。切实保障高校教师待遇,完善教师发展支持服务体系,健全组织保障制度,并做好前瞻布局,抓好中、青年人才培育,积极推动高校内涵式高质量发展。

4.3 "双师双能型"教师队伍建设存在的问题

事实上,只要明晰了应用型本科高校的人才培养的目标定位,"双师双能型"教师队伍建设的意义和重要作用就不言而喻了。但实际情况并不尽如人意,还存在诸多矛盾和问题。其中,最突出最普遍的应该是"双师双能型"教师队伍的数量、质量和结构的矛盾,即数量不足、质量不高、结构不优。透过数量、质量、结构的显性问题,暴露了以下三个隐性的根本问题。

4.3.1 对"双师双能型"教师队伍建设的形式大于内涵

由于对应用型本科高校认识上的偏差或者误解,很多高校对"双师双能型"教师队伍建设的背景和意义认识不够深入,更不够系统,相关工作侧重于理念的宣传和口号式的要求,对于具体"怎样建设"和"如何培养"不甚了了,实际工作做得少,没有取得实质性的效果。其主要表现在以下三个方面。

（1）在人才引进工作中，受传统观念的影响，综合性和学术性的高校对人才的吸引力更大，应用型本科高校对高层次人才的吸引力严重不足，影响了教师队伍数量的合理增加；应用型本科高校在人才引进工作中，受传统观念影响，仍然关注高学历人才的引进，忽视了对具有丰富实践经验的人才的引进。

（2）在教师队伍教育教学能力培训工作中，高度重视基础理论和教学水平的培养和提升，忽视对教师实践教学能力的培训和提高，导致很多教师理论水平够高，但实践能力较弱，与生产实际脱节，造成了很多应用型本科高校"教师不能应用型地教，学生无法应用型地学"的尴尬局面。

（3）在教师职称晋升、绩效考核、岗位聘用等工作中，依然未能实现"破五唯"，更多关注可以量化的显性数量指标，而对难以量化的隐形指标研究不够、关注不够，更没有实效的处理措施，导致教师实践教学能力难以得到实质性提升。

4.3.2 教师主动成为"双师双能型"教师的意识不强

事实上，本科高校向应用型本科高校转型面临的是综合性、全方位的转型发展，包括"双师双能型"教师队伍面临的"转型"。而所谓"转型"，包含的不仅是事物的结构形态、运转模型、观念理念的根本性转变，还包含态度和情感的转变，也就是主动求变求新的状态和过程。其主要可以表现在以下三个方面。

（1）作为学校师资管理人员的主动转变意识还不到位，存在一些消极情绪，主要表现为认知不清，认为"双师双能型"教师完全可以由从企业聘请的外聘教师代替，推动校内教师培养培训的主动性、建设性、引领性不够。同时，高校中层领导、学科带头人对团队成员的能力培养意识不强，没有整体的教师培训计划，将"双师双能型"教师的培养完全推给人事部门及教师个人。

（2）一线教师主动转变的积极性不足，存在一些抵触情绪，思想上受自身接受的传统学科教育的影响，更习惯追求理论研究和学术探索成果，当对教师实践能力的提升要求与其个人发展目标不一致时，这些教师会产生一种本能的抵触和习惯性的坚持。

（3）部分学校在制度建设中，缺乏针对教师队伍建设引领层面的评价、考核机制，"指挥棒"的作用没有很好地发挥，导致教师没有走出自我舒适区，出现了转变主体意识不强的问题。

4.3.3 "双师双能型"教师队伍培养机制尚未完善

目前,很多应用型本科高校都出台了"双师双能型"教师队伍建设和教师培养的相关政策、制度,也普遍开展了认定工作。但在一定程度上是"为了做而做",并不考虑工作结果。主要表现在以下三个方面。

(1)单纯追求在短期内提升数量和占比,认定的标准存在不同程度的降低和放宽;认定后缺乏管理和考核,认定后便"一劳永逸";教师教育教学工作的考核体系没有变化,缺乏产教融合和社会服务工作的考核指标等。

(2)学校人事制度的整体改革相对滞后,改革的质量、效率、效益与活力均不够,教师的岗位聘用、职称晋升等依然存在"能高不能低、能上不能下、能进不能出"的积弊,人才合理流动难以实现,未建立真正有效的激励机制。同时,教师聘用制度改革相对滞后、岗位职责不具体、考核指标体系不明确、岗位津贴差距不合理等问题严重制约了教师队伍的建设和发展。

(3)众多应用型本科高校面临着资金问题,教师队伍建设需要资金保障。虽然学校高度重视教师队伍的建设,但是基础条件的建设、人才培养等工作的资金缺口仍然很大。

4.4 "双师双能型"教师队伍构建策略

针对"双师双能型"教师队伍建设面临的问题与困境,各高校需要树立系统观,从宏观、中观、微观三个层面着力,实现师资队伍的建设目标。图4-1为"双师双能型"教师队伍建设策略框架图。

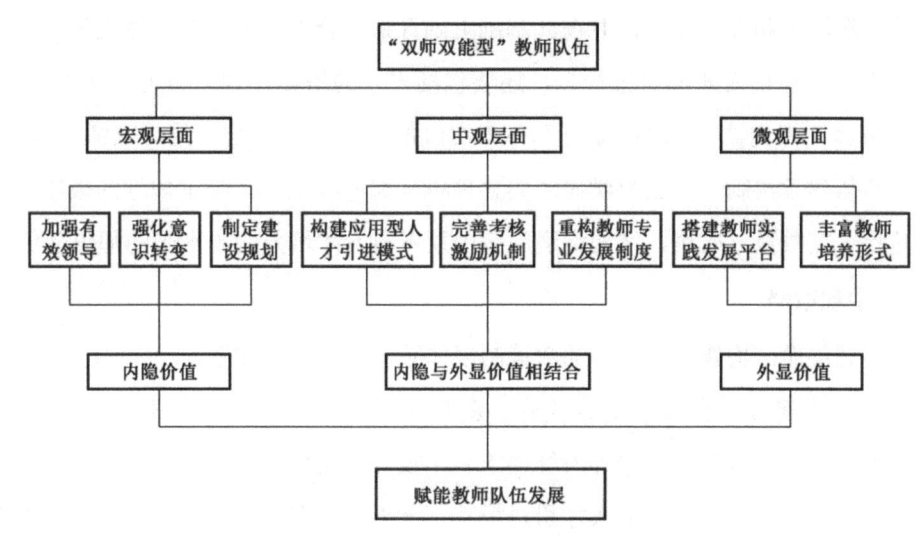

图 4-1 "双师双能型"教师队伍建设策略框架图

4.4.1 宏观策略

宏观层面,加强师资转型的理念转变与目标引领,具体内容如下。

(1)加强有效领导。"双师双能型"教师队伍建设是一个系统工程,涉及面广,逻辑性强,长期性特征明显。纵向角度,需要学校树立历史观,把队伍建设放到学校发展的历史阶段层面去出台政策、推动实施,要有战略眼光,不能仅着眼于当下。横向角度,需要学校内部各部门之间的积极联动,以及不同岗位人员的相互支持,要有战术策略,使学校整体行动起来。因此,加强有效领导十分重要。

(2)强化意识转变。意识的转变在任何一项变革中都是首要的。在由传统的师资队伍建设观念向适应应用型本科高校建设要求的"双师双能型"教师队伍建设观念转变过程中,需要不断培养和强化问题意识、育人意识、人才培养意识。学校要通过各种讲座、研讨、考察等方式,改变人才培养模式,营造引导教师转型的氛围,帮助教师转变思想观念、深化转型发展理念,促使教师形成内在的身份认同,让教师主动融入转型发展的变革中。

(3)制定建设规划。作为新建应用型本科高校,要在学校整体发展战略的指导下,清晰知晓自身师资队伍的实际情况,明确优势与不足,研究自身师资队伍的资源潜力和发展趋势，并在此基础上制订科学合理的师资队伍建设规划。这个规划既要包括人才的引进计划，还要包括人才的培养计划，努力形成"引进"与"培养"相支撑、"理论提升"与"实践能力提升"相结合的"双师双能型"教师队伍建设机制，创新科学民主的管理机制和考核机制。制定规划的根本目标是建设一支数量、质量、结构均适应应用型本科人才培养的高水平的师资队伍。

4.4.2 中观策略

中观层面，构建师资转型的政策制度体系，具体内容如下。

（1）构建应用型人才引进模式。新建应用型本科高校在人才引进工作上，应紧紧围绕应用型的人才培养特征要求和学校办学定位、办学理念，依据发展需求建立合适的、灵活多样的人才引进模式。一方面，在引进具有高学历高职称人才的同时，更加注重人才在行业、企业实践工作的经历或者其所具备的实践能力，甚至可以对具备高校教师基本条件且实践技能高的专业技术人才适当放宽学历方面的要求。另一方面，尝试人才引进"硬引进"和"软引进"的结合，"硬引进"是指传统的人才引进方式，即引进成为在编在岗教师；"软引进"强调"不求为我所有，但求为我所用"，采用兼职聘用、合作研究、校企合作等多种方式吸纳实践经验丰富的专业技术人才承担部分人才培养工作，构建多元化的专兼结合的"双师双能型"教师队伍。

（2）完善考核激励机制。高校对教师的考核历来是矛盾多、难度大、奖励多、惩罚少的，考核评价的标准也是比较模糊的。尝试建立并完善突出绩效的考核激励机制，改变传统的人事管理方式，是一项有益的尝试。例如，在上级行政管理部门限定的编制总量的基础上，科学做好定编定岗定责工作，实施突出绩效考核的岗位管理。对于学术造诣高、成就卓越的教授或带头人，可以将其确定为终身教授；而对于中青年教师，则要设置一个短期与长期、教学与科研、理论与实践、数量与质量、投入与产出相契合的绩效考核评价方式，严格过程和标准，建立起"能上能下、能进能出、能高能低"的激励机制。

（3）重构教师专业发展制度。新建应用型本科高校需要改变固有的办学理念，寻找适合自身的办学特色；同时也需要设立师资队伍的建设标准，重构促进教师成长的专业发展制度。要结合办学目标和师资队伍建设实际，优化完善岗位管理、职称评审、分级聘用、教师培训等制度，引导教师逐步成长为出色的"双师双能型"教师。例如，在职称评审和聘用工作中，坚持"破五唯"要求，实施注重工作实绩的人才分类评价制度，根据不同类型岗位特点、不同职称级别要求采取合理的评价方式，引导教师潜心教学、科研、服务社会，有效推进"双师双能型"教师队伍的建设。

4.4.3 微观策略

微观层面，建立"双师双能型"教师培养长效机制，具体内容如下。

（1）搭建教师实践发展平台。以提升教师实践能力为根本导向，重点搭建两个平台。一是搭建"双师双能型"教师培养平台，遵循明确目标—制定标准—确定标准建设点—制定配套培养措施—定期考核评价的路径，驰而不息地促进教师转型，建设一支"善教会做"的师资队伍。二是搭建致力于师资培养的产教融合、校企合作平台，学校要主动加强与地方政府、行业企业、科研院所的联系沟通，通过建设企业师资培训基地、安排教师定期实践顶岗锻炼、开展最新的生产工艺学习、引导教师为企业服务、共同开展项目研发和工艺技术研究等工作不断加强深化合作，为教师对接生产实际、丰富实践经历、掌握最新工业技术搭建高效平台。

（2）丰富教师培养形式。传统的师资培养形式包括岗前培训、访问学者、研讨会、进修班等。但是培养"双师双能型"教师，还要将关注点放在教师的实践能力提升方面，具体可以在以下方面着力。一是有计划地安排教师到行业企业、事业单位和科研院所进行实践锻炼或者顶岗锻炼，可以利用寒暑假，也可以通过合理调配课程师资安排等方式，让教师去一线了解最新的生产、技术、工艺、设备的现状和发展趋势，去体验实际工作中的管理与运转，将书本上的理论应用在实际中，去发现实际中面临的挑战，等等。二是建立校企合作培训基地，既可以将教师派到基地学习、服务，也可以邀请一线的能工巧匠参与学校教育教学，把教学和生产衔接起来。三是建设好校内实践教学环节，鼓励专业教师积极承担实践教学任务，直接参加实践教学的指导，提高教师的动手能力和实践指导能力。

四是鼓励教师参加各级劳动部门组织的专业技能培训班,并获得职业资格证书。五是重点强化青年教师的培养,可在绩效考核中增加适合青年教师的教学、科研项目,要具有一定的前瞻性、挑战性、可达性,充分调动青年教师的工作热情。

4.5 "双创"教师教学能力提升策略

"双创"教育是指创新创业教育,是一种培养人的创新精神和动力,提升受教育者的岗位、职业或事业的创新能力的教育模式。

"双创"教师是指在创新与创业方面拥有专业的理论知识,同时拥有丰富的实践技能的复合型教师。

应用型高校"双创"教育的任务是培养具有创新精神的应用型人才,开展"双创"教育是应用型高校教学改革的主要发展方向。"双创"教师在应用型高校双创教学中占有重要地位,只有组建优质的教师队伍,提高"双创"教师的教学、教研与实践指导能力,才能满足"双创"教育需要。

目前,由于师资力量不足,应用型高校"双创"教育存在课程建设滞后、教学方式传统、实践教学开展不足、信息化教学资源缺失等具体问题。本书研究应用型高校"双创"教育中教师教学能力提升的策略,着力提高"双创"教师的整体教学水平,促进"双创"教师与"双师双能型"教师同向同行。

4.5.1 "双创"教育对教师素质能力的要求

应用型高校的"双创"教学水平很大程度上受到教师理论素养、教学水平、实践经验的影响。高校应当把提高"双创"教师的教学能力放在重要的位置,推动"双创"教师不断积累创新创业教育知识和教学经验,满足"双创"教育的现实需要。图4-2为"双创"教师队伍能力素养框架图。

1. "双创"教师的知识素养要求

(1)必须具备丰富的专业知识和扎实的专业基础。"双创"教师不仅要掌握丰富的本学科专业知识,还要了解相关领域的知识及专业发展趋势,能够从专业角度对学生的创新创业活动进行必要的指导。

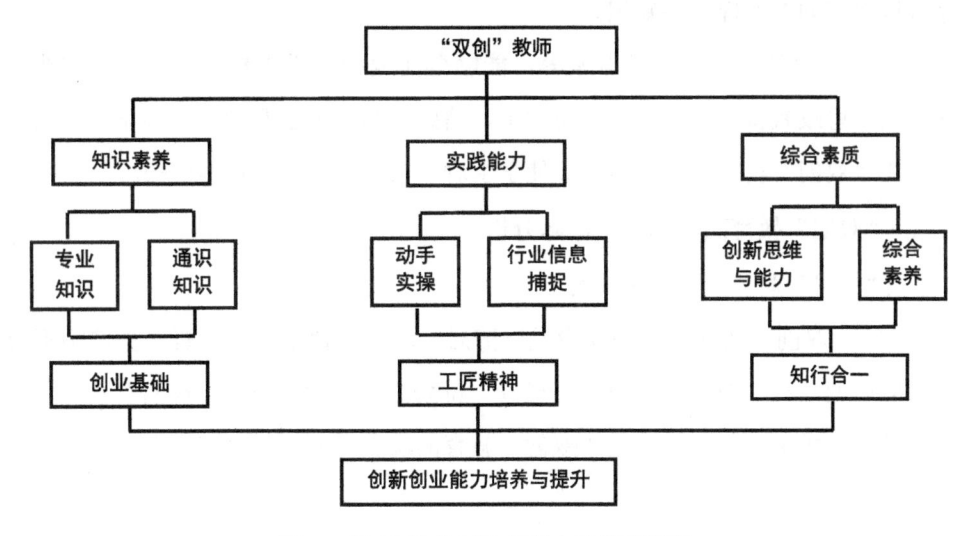

图 4-2 "双创"教师队伍能力素养框架图

（2）必须具备丰富的通识知识，不断完善知识结构，能够进一步将管理学、经济学、法律学、心理学知识与专业知识融合到"双创"教育实践当中，形成良好的"双创"教育知识结构，有效指导学生参与创业和实践活动。同时，还必须具备连续学习的能力，不断更新专业知识，形成一套较为完整的知识体系，做一名真正合格的创新创业教育的引路人。

2. "双创"教师的实践能力要求

（1）必须具备较强的动手实操能力，能够有效指导学生的创新创业实践。

（2）必须具备良好的行业信息捕捉能力，起到必要的示范作用，善于挖掘学生的潜能。一方面，能够根据行业发展情况给予"双创"项目必要的指导和评价，对"双创"活动的现状、发展趋势、实践情况作出精确分析。另一方面，能够运用丰富的实践经验帮助学生解决"双创"实践中的各种问题，综合判断学生的"双创"项目，促进"双创"项目的成果转化。

3. "双创"教师综合素质要求

（1）必须具有创新思维与能力。"双创"教师应具备前瞻性的认知、开拓进取的精神、辩证的思维方式，同时要热心于"双创"实践。应当充分了解"双创"过程，理性分析"双创"风险，具备一定的"双创"体验和经验，能够辩证地讲授"双创"课程相关知识。

（2）必须具备良好的综合素养，能够全面地指导学生参与"双创"实践活动；具备思政教育能力，能够从思想上、情感上与心理上帮助、引导学生，消除学生在"双创"实践中的困惑，促使学生对"双创"活动有正确认知。

4.5.2 "双创"教育面临的师资问题分析

1. "双创"教师队伍力量不足

（1）"双创"教师队伍的建设发展滞后，教师配置不足，师资力量结构不合理。应用型高校"双创"教育起步较晚，师资力量相对匮乏，"双创"教师队伍在数量上与质量上都不能满足"双创"教育的现实需要，是"双创"教育的薄弱环节。

（2）"双创"教师普遍缺乏"双创"活动经历，教师队伍存在知识积累不足、能力不够等具体问题。很多"双创"教师来自行政管理岗，缺乏学术背景，没有参与过"双创"领域的项目，虽理论知识相对完整，但创新实践经历不足，对实践操作能力不够重视，不能有效提高学生创业实践能力，影响了"双创"教育的整体质量。

（3）"双创"教师的培训机制不健全，培训渠道单一，不能有效提高教师能力。许多高校在"双创"教育上仍然处于初级发展阶段，师资、管理等方面均有明显不足，在师资培训方面的投入偏低。很多"双创"教师没有真正参与过双创的培训或者项目，也就无法给予学生有效的指导。

（4）"双创"教师间缺少交流沟通，资源共享意识较低。高校与高校、高校与企业之间缺少研讨，更缺少关于"双创"项目的交流与共享，更多的是"孤岛"教育。

2. "双创"教师队伍教学创新不够

（1）应用型高校的"双创"教师队伍具有年轻化的特征，他们善于唤醒大学生的"双创"意识，但是不能有效指导大学生参与"双创"实践，其现有的教学方式相对保守，教学理论与实践一体化水平有待提高，创新能力不足。

（2）当前，一些应用型高校"双创"教师的课程开发意识不强，课程的广度与深度不够，课程建设单一，课程内容更新速度慢；一些教师没能考虑学生层次与学科差别，所使用的教材的适应性较低，不能较好地利用信息化教学资源，课堂教学的人文性与知识性没能有机结合。高校"双创"教师更多采用理论教学的方式，较少开展探索性的教学实践活动。

3. 政府、社会支持不足

（1）"双创"实践平台的功能开发不足，社会的支持力度不够。我国应用型高校的教学资源相对有限，校企合作还不够充分。很多企业仅提供了一些实习机会，未能真正地发挥企业专家的指导作用。

（2）政府缺乏对"双创"教育的配套支持政策，导致应用型高校实施"双创"教育的积极性不高。大学生"双创"项目缺乏企业帮助和基金支持，不能实现"双创"成果的有效孵化。

（3）"双创"教育平台开发不足，部分应用型高校未建立"双创"项目的实践转化平台，教师未能深入研究"双创"教育的发展趋势，不能积极组织开展丰富的"双创"教育活动。

4.5.3 "双创"教师教学能力提升策略

1. 构建完善的"双创"教育管理体系

高校为了促进"双创"教师不断提高能力，解决"双创"教师在双创教学中的各种问题，强化"双创"教师的自我提升意识，不断地完善双创教学管理机制，给予"双创"教师从事教学改革与创新的必要条件。

（1）完善"双创"课程体系，优化"双创"人才培养目标，引导高校"双创"教师深入理解"双创"课程目标、课程范围和授课内容。要求"双创"教师开展创业者精神教育、知识教育、"双创"技能教育，引导"双创"教师从课堂教学、实践实习、校企合作、拓展延展、微课开发、慕课平台建设等几个方面参与教学改革。

（2）形成多种课程的结合机制，构建应用型高校成熟的"双创"课程体系。大力组织开展体验式教学活动，在传统授课模式的基础上鼓励教师设计体验式课程。在这一过程中，教师需要进行资源整合。高校要鼓励"双创"教师运用项目教学、案例教学与互动教学等方式，不断提高教学水平。

（3）鼓励"双创"教师将"双创"课程教学与专业课程教学整合起来。这样既能突出双创课程的综合性，又能在"双创"课程中广泛涉及专业知识与技能，还能够在各类校内外教学活动中提升大学生创业意识。

2. 鼓励"双创"教师开发教学资源

高校提升"双创"教育教学的有效性离不开政府的大力支持，需要政府为"双创"教育创造良好的教育教学条件。各高校要在现有办学条件下发挥"双创"教师内引外联作用，强调依托国家政策开发各类校内外"双创"教育资源。

（1）高校应当深入理解、把握和应用国家有关"双创"教育的政策，积极利用政策加快"双创"教育改革，吸引优质企业参与高校"双创"教育活动。发挥应用型高校在政府、企业与教师之间的桥梁作用，进一步促进对"双创"教育资源的高效利用。

（2）提高"双创"教师的风险防控能力，高校应当通过健全的项目审批、监督防控与风险分析机制，为"双创"教育营造安全、绿色、和谐的教育人才引进与发展环境，加强对"双创"教育合作项目的监督考核，综合分析高校教师从事"双创"教育实践项目的各类关键指标，保障企业对"双创"教师实践教学的支持。

（3）不断优化"双创"教师队伍结构，构建专职、兼职、校外辅导员相结合的"双创"教师队伍。

（4）坚持以专职教师为基础，以校内兼职教师为主，吸引聘请具有丰富实践经验的行业专家参与"双创"教育活动。鼓励校内有科研基地或自主产业的教师参与"双创"教育活动，鼓励青年教师积极开展"双创"工作。

（5）大力完善师资引进机制，提高"双创"教师队伍的创新能力，建立"双创"教师动态管理机制。创新并拓宽选人用人渠道，广泛吸纳具有学术背景和创业经验的人才，从企业、机关、事业单位聘请一些专家作为校外兼职教师，有效弥补应用型高校"双创"教师师资的不足，保证"双创"教育持续开展，形成更加科学的"双创"项目研究机制与交流互动机制。

3. 组织开展"双创"师资专业培训

为了培养高质量的应用型高校教师，积极提升教师的综合实力，高校还应当构建专门的教师培训机制，促进教师培训专业化、规范化和标准化。

（1）大力建设教师培训中心，完善"双创"教育专业培训制度，根据"双创"教育教学工作需要，拟定教师培训年度工作计划，完善"双创"教师培训的预算管理制度，为专兼职"双创"教师提供坚实的保障，从根本上解决教师专业化水平低的问题。

（2）积极聘请"双创"领域教育专家、企业家等进行专题培训，努力提高"双创"教师理论水平。高校可以尝试采用分层次、分类别、传帮带等多种形式或渠道进行教师培训，有计划地派遣"双创"教师走出校门，深入企业、社会、公益机构等进行挂职锻炼、考察交流等，总结、获取"双创"教育经验。

（3）鼓励应用型高校教师，尤其是青年教师，参与各类产学研项目，从而提高"双创"教学的实际经验，进而不断丰富课堂教学资源，提高"双创"课堂的吸引力。

4.6 小结

建设应用型本科高校、推动地方本科高校转型发展是国家战略，而在"双创"背景下建设一支"双师双能型"教师队伍是应用型本科高校适应国家新发展战略、服务地方经济和社会建设、提升人才培养质量的重要手段。高校需要坚定理念自信，在实践中不断积极探索。

本章围绕应用型本科高校的师资建设，重点研究了如下内容。

（1）阐述了"双师双能型"教师队伍建设的意义、指导思想，并根据《指导意见》列出了"双师双能型"教师队伍建设的具体指导思想。

（2）分析了应用型本科高校"双师双能型"教师队伍建设中存在的形式大于内涵、主动性意识不强、培养机制不健全等主要问题，并针对问题给出了宏观层面、中观层面、微观层面的解决办法。

（3）着重分析了"双创"教师教学能力提升策略，对"双创"教师提出了基本的素质与能力要求，阐述了高校"双创"教师面临的问题，并针对问题给出了解决办法。

第5章 新建地方应用型本科高校实习实训基地建设

随着教育部、国家发展改革委、财政部《关于引导部分地方普通本科高校向应用型转变的指导意见》（以下简称《意见》）的提出，应用型本科教育开始快速发展，为了达到"应用"教育目标，高校实习实训教育环节变得越来越重要。实习实训是培养学生实践能力的有效途径，能够帮助学生更好地从学校向社会过渡、从课堂学习向岗位实践过渡。实习实训的载体——实习实训基地，决定了学生如何有效地将理论转化为实践、如何将知识实践转化到需求实践。本章重点讨论应用型本科高校实习实训基地建设的意义、作用、模式、存在的问题以及建设策略。

5.1 研究背景和意义

实习实训基地（以下简称"基地"），是高等学校与中等职业学校专门用于工程训练和实习的实训基地、实习基地。2020年1月16日，中共教育部党组印发的《教育系统关于学习宣传贯彻落实〈新时代爱国主义教育实施纲要〉的工作方案》（教党〔2020〕11号）提出："要加强校企战略合作、产教融合，通过设立实习实训基地、校外辅导员工作室等方式，充分利用国企资源，开展教学实习、技能实训、岗位体验、就业实践等。"2022年10月26日，党的二十大报告中提出，"统筹职业教育、高等教育、继续教育协同创新"。分析这三类教育的协同性可以看出，"职业性"是协同的一个重要指标。无论三类教育中的哪一类，都应该对应社会岗位需求，因此需要培养技术技能型的社会职业人。

应用型本科教育定位应瞄向：坚持"以服务为宗旨，以就业为导向，以能力为本位"的理念，对应校企合作、产教融合的模式，建设符合自身发展的"特色学科和专业"，根据国家转型发展指导意见，完成普通本科到应用型本科的转变。目前，应用型本科高校多数存在教育资源紧缺、设施落后的状况，严重制约了技术技能型人才的培养。所以，应用型本科高校实习实训基地建设意义重大。

（1）实习实训是培养学生创造能力、开发能力、独立分析和解决问题的能力，全面提高技术技能型人才素质的重要教学环节。

（2）实习实训是学生成为职业人之前的模拟训练环节，能够提高学生的职业认知，帮助学生奠定职业基础，提升综合职业素质。

（3）实习实训是学生将理论知识转换成实际应用的不可或缺的中间环节，能够及时发现学习、就业等领域存在的问题，并能够引导学生成功地在专业领域内就业。增加专业对口就业率，有利于专业人才的培养。

（4）实习实训是应用型本科高校提炼特色和优势的基础，广大师生通过实习实训，可以发现自身的强项和弱项，补齐短板，突出特色。

5.2 实习实训基地建设原则与模式

基地建设的先进与否、迎合社会需求的程度以及相应的运行机制将直接影响应用型高校教育改革的进程。在提高学生实践能力和综合能力的同时，高校还应该充分体现教育实训基地的特色，突出职业岗位的竞争力，让学生们能够巩固理论知识、锻炼实践能力、培养职业素质。基地可以通过有目的性地开展项目研究、科研成果推广等服务活动来将教学与社会需求融为一体，推动应用型本科教育的特色发展。

5.2.1 实习实训基地建设原则

宏观上讲，基地建设分为校内基地建设和校外基地建设。基地建设要与高校的办学定位、学科专业、师资、教科研、人才培养、学生就业、产教融合等紧密相关，且保持协同发展。所以，要高度重视和坚守基地的建设原则和建设模式。

（1）协同性原则。根据《意见》中的转型发展指导思想，高校在整个转型发展过程中要与政府、企业、社会紧密相连，结合政府的政策支持和引导、企业和社会的实际需求来培养技术技能型人才。这是转型发展的必经之路，要求多方协同共进且扮演好各自的角色，不冒进、不观望，统一建设思想和目标，实现共同进步。

（2）导向性原则。在基地建设时，要充分考虑应用型本科高校"地方性、应用性、服务性"的关键属性和地方需求，要与行业领域内具有合作办学能力的企业深度合作，不断完善校内外的实习实训条件，根据企业实际业务流程完成教学设计，进行有针对性的实操训练。

（3）共享性原则。基地建设不仅需要企业的参与，还需要企业的主导。产教融合是产业在前，教学在后。只有深度融合才能让校企双方实现资源共享。学校需要企业在基地建设的硬件、师资及课程内容上提供帮助，企业需要学校培养专业技术人才，解决生产过程中的瓶颈问题。所以，合作就必须共享，共享才能推动合作向纵深发展。

（4）互利互惠原则。基地建设应坚持社会效益和经济效益的统一。高校肩负着人才培养的重任，要服务于社会，创造社会效益。服务于社会就需要对接社会实际需求。企业是很好的合作伙伴，校企合作能够在创造社会效益的同时，创造经济效益，有利于基地建设向更高、更好的阶段发展。在校企合作期间，高校不能因为企业强调经济收益而终止合作，企业也不能因为当前的收益较小而终止合作，要用发展的眼光看待问题，要认识到人才的培养是一个过程，不能一蹴而就。

（5）特色优先原则。基地建设需要大量的资金注入，软硬件都需要资金的支持，即使有企业的注资，高校投入的数目也会相当可观。要想基地建设能够完成既定目标和任务，真正培养出企业需要的人才，在资金投入上就不能缩减，要符合教学的实际需求。同时，为了有效利用资金，建设可以分批次、有倾向性地支持基地建设，对于特色学科一定要优先发展且要全力以赴，才能在后期对其他基地的建设起到辐射作用。

（6）发展性原则。基地在建设过程中，要将可持续发展提高到战略高度，要充分认识到基地是应用型本科高校发展的关键要素之一，要高度重视并利用行业企业的产业指导，让需求引领教学，让产业变成学校的实业，让基地在管理、运行、发展上立足于长效机制之上，确保基地具备教学、培训、科研、服务等多种功能，走上可持续发展道路。

（7）稳定性原则。基地建设不是一朝一夕的工程，需要学校与政府部门、企事业单位、科研机构等多方联合完成，成本投入较高。所以，基地建设应具备较强的稳定性，至少满足人才需求的周期，不能朝令夕改，不能随时更换管理机构或参与对象，影响基地的实用性、创新性以及可持续发展性。

5.2.2 实习实训基地建设模式

根据基地的投资主体、功能作用、运行管理等因素，可将基地建设分为以下五种模式。

（1）政府主导模式。政府主导模式的基地建设一般为传统意义上的公办模式，即由政府投资建设，社会使用，属于公益性建设模式。该模式下，基地本身不招生、不办学，只负责各类培训服务，可以服务于高校、企业以及社会等机构和人员。该类模式下的基地，硬件设备齐全、专业性较强、社会效益明显，但因为投资较多，基地数量受限，并不能大范围服务于应用型高校的实习实训需求。

（2）行业企业主导模式。行业企业主导模式是指由行业企业资助基地建设的模式，属于营利性模式，可以服务于高校、企业以及社会等机构和人员。该模式下的基地管理与运营由行业企业主导，合作方在不违背行业和政府旨意的前提下按教学和生产经营规律建设基地，以达到育人和生产双赢的目的。这种模式下的基地，设备齐全、专业性和应用性强、社会效益和经济效益明显。但在和高校的合作中，仍然要坚持互惠互利原则，如果一味地追求经济效益，许多合作就不容易落地。

（3）高校主导模式。高校主导模式主要是校内基地建设模式，是指在学校所管辖的地理位置范围内建设基地。该模式下的基地建设可由高校独自出资，或者校企共同出资建设。无论出资方是谁，在基地建设时都要有企业相关技术人员参与，需要校企共同规划设计场地、设施与设备，共同设计培养方案、课程等内容。基地的管理、运行和发展都要和人才培养目标相对应。因为在校内建设基地，所以比较便于管理，学生的安全性更有保障。如果高校独立出资，可能会因为资金不足，设备更新不及时，使得基地功能逐步退化。

（4）校企协同主导模式。校企协同主导模式是在校企合作的原则下，由高校和企业共同出资出力的合作方式，兼具社会效益和经济效益。该模式下，校企双方通过优势互补，补齐各自的短板，实现合作共赢。校企双方可以出资新建基地，也可以利用各自的资源整合、完善现有的基地。该模式下，高校可以凭借师资、知识产权、研发能力等优势为企业服务；企业可以凭借设备、技术、业务、职业环境等优势为高校服务。校企协同需要共进，任何一方拖后腿，都可能导致合作无法继续下去，基地功能和发展也会受到严重制约。

（5）多方共建模式。多方共建模式下的基地建设不能只由单方或者双方承担，而是由政府、行业、高校和社会机构等多方共同融资建设。该模式的优点是可以减轻各方的经济负担，能够充分利用各自的优势来降低成本、加速基地的建成。高校可以提供场地、理论课师资，企业可以提供设备、实践课师资，政府可以提供政策支持、部分资金以及人才对接等协调工作。该模式下的管理、运行需要由一方或多方合作完成。但管理工作由多方合作完成，容易出现意见不统一、任务执行困难等情况。所以多方共建模式下的管理和运营至关重要，需要在合作前协调安排清楚，以避免后续麻烦。

基地建设没有固定的模式，各政府、高校、企业等都可以根据区域产业结构和自身发展优势灵活选择建设模式，建立科学规范、能够可持续发展的基地，更好地服务地方经济。

5.3 实习实训基地建设的主要内容

图 5-1 为应用型本科高校实习实训基地建设内容框架图。政府、企业或社会机构的基地建设内容与高校大体相同，仅在适用对象及管理方式上略有差别。

图 5-1 应用型本科高校实习实训基地建设内容框架图

5.3.1 人才队伍管理

基地的建设需要一支高素质的师资队伍，通常包括高校内部的理论课教师和企业一线的技术工程师等。为了保证教学质量和学生的实践效果，高校在人才招聘过程中要做好技术人员的引进工作，而不是一味地招收高学历毕业生。基地建设的人才队伍管理应遵循以下原则。

（1）理论教学和实践教学的教师队伍比例保持平衡。应用型高校的实践教师比例不能低于 40%，且应该具有专业领域的职业技能资格证书，能够定期参加校外培训、技能大赛等活动，保证实践能力符合社会需求，跟上时代步伐。

（2）按照培养方案及课程设置要求组织课程组。组内教师可以是同一门课程的任课教师，也可以是同一类课程的任课教师。尽量按照技术技能实际需求的产业链组织课程组，最大限度地保证学生实践能力所需知识的集中性、连续性。

（3）培养高端技术技能型带头人。高校通常不缺少理论型教师，而是缺少技术技能型教师。仅仅靠所谓的"双证双师"不能解决问题，高校要培养高端技能型带头人，领导教师队伍科学设置实训课程，在有限的时间内提升学生的实践技能。

（4）充分利用兼职教师资源。基地的兼职教师应该是大比例来自行业企业生产一线的高端技术技能型人才，而不是兄弟院校教师之间的互相代课。为了避免兼职教师队伍因为各类问题不能全身心投入教学，校内应尽可能配备对应课程教师，以方便课程管理。

5.3.2 设施设备管理

设施设备是基地建设的基础，是学生实践的依托，除了保持设施设备的先进性，其管理应遵循以下原则。

（1）管理应坚持"共享、完整、安全、卫生"原则。设施设备是基地建设中一次性投入较高的项目，应物尽其用、充分共享，保证使用率最大化。设施设备需要管理人、使用人充分爱惜，保持完整、干净。在设施设备管理中应注意防火、防电、防水等安全问题，尽可能地保证设施设备的可用性，以节省维修资金。

（2）专人专管专项设备。基地设备管理应由基地所在地及设备所属方共同派人参与管理。设备使用应有完整的使用记录，设备使用期间由使用人负责管理，出现问题要及时上报。

（3）保持先进性原则。基地建设是为了更好地培养应用型人才，符合社会当前的实际需求。所以，设备必须与当前社会技术兼容，不能滞后于当前技术的发展，以免严重影响教学，导致不能充分体现出高校人才的"应用型"特点。

5.3.3 教科研平台管理

教科研平台不是研究型大学的专利，也不是只能建在学校和研究所。教科研平台是一切与人才培养有关的工作的系统化、抽象化研究基础。在此基础上，形成系统的教学方法、手段，提高教师的综合能力，促进人才队伍的建设，同时给人才培养提供丰富的知识资源。在基地建设中，教科研平台管理可遵循以下原则。

（1）基地负责人要高度重视教科研平台建设。教科研平台建设是基地建设中"前瞻性"的体现，不能认为资源能够满足学生实习实训就足够了，要给教师和学生提供做高水平研究的条件。当技术更新换代时，能够快速调整和适应，使得基地人才培养与当前社会需求相匹配，甚至超越社会需求。

（2）在基地中组建教学团队、科研团队。基地师资不能简单按照课程直接安排，哪些教师、工程师有空，哪些人来上课。所有的课程应该形成标准的课程体系，在一个体系下、一个培养方向下、一个模块下，师资应以团队为单位，团队内所有任课教师要明确了解相关课程的关系和重难点，争取做到理论与实践无缝衔接，取长补短，扫除知识盲点。

（3）制定有别于非基地教科研管理的制度体系。应用型本科高校在发展过程中，有很大一部分教师不能适应或者不主动适应办学定位和教学目标的转变，依然采用传统教学方式。为了鼓励专业教师，尤其是中青年教师积极融入实践教学，在基地建设初期，可制定更宽泛的评价考核制度。

5.3.4 制度管理

本书第 3 章详细阐述了应用型本科高校制度体系建设的相关内容，但基地建设的参与方较多，在管理上不能直接套用高校内部的制度体系，而是要根据基地性质，单独制定一套制度管理办法。在制定制度时，可遵循以下原则。

（1）整合、规范基地业务流程，构建制度体系。基地主要负责实习、实训、培训等相关业务，业务间关联度较高，管理方法相似，故在制度体系构建时，要找出业务间的联系和区别，在制度中要体现出统一性和特殊性。切记不可让各项制度完全独立制定，不调研、不分析、不讨论，进而导致制度间矛盾冲突大，无法形成有效依据。

（2）坚持根本性、全面性、稳定性和长远性原则。有些制度从制定之日起，从未执行过；有些制度执行过一次，就进行了较大范围的修订；有些制度表面上看包含的内容很多，但真正在解决问题时却没有具体处理流程；有些制度为了避免矛盾，写得模棱两可，毫无威信可言。在确定了基地性质、内容等相关事宜以后，应尽快构建制度体系，从根本上消除"人为"控制因素。

（3）坚持科学性、合理性、规范性和与时俱进原则。制度制定过程中，要使用科学的方法、合理的约束、规范的流程，要有执行力，不能空有形式。同时，制度要具有相对灵活性，能够随着时间、环境的变化而变化，绝不能一成不变。对于已过时的规章制度，要及时修订，对于缺少的规章制度要及时补充完善。

5.3.5 课程管理

基地的硬件设施建好以后，在对外服务之前，需要进行详细的课程设置。根据不同学科、专业的需求，制订相应的实习、实训计划，设定出实习的阶段性目标，以进一步提高学生的实践能力。如果基地是多方共建，一定要根据不同的实习需求、实习方向、专业特点和学生所处的阶段等多种因素，确定课程体系，进而安排具体课程。基地课程管理可遵循以下原则。

（1）确定课程定位，构建课程体系。基地课程建设需要制订详细的实习实训培养方案，包括实习的课程模块设置、学时安排、实践内容、教学资源等。多个课程模块最终形成课程体系，培养对应的技术技能。

（2）实践课程应具有相对灵活性。实践课程应能够根据实际需求的变动，在不改变整体培养方案的情况下灵活调整。事实上，许多技能要求的基础是相对稳定的，其不同在于操作上的升级改造、流程上的简化等，所以具体的实践课程可以随着当前使用技术的情况而定，尽可能地与时俱进。

（3）尽可能小班授课。实践课程不同于理论课程，需要配合软、硬件资源以及实践能力较强的教师团队，多种因素综合在一起才能保证教学开展。为了提高教学质量，应采取小班授课，以保证每位学生的实践操作都经过了教师的指导和确认。即使实践环境不能快速再现，学生也不会因为没得到指导而错过学习和发现问题的机会。

5.3.6 学生管理

基地的服务对象是高校师生、社会人员等需要参加实习实训或培训的人员。如果基地服务对象单一，管理起来则较为方便，但多数情况下，基地的服务对象种类并不单一。所以，必须要有完善的管理体制，以确保学习对象的学习效果、人身安全。若基地类型为校企共建模式，且地址在校外，那么学生管理可遵循以下原则。

（1）制定完整的校外基地教师、学生管理办法，保护师生权益，同时约束师生行为。参与实习实训的师生代表了学校，体现了高校全体师生的素质，教师和学生的表现对后续的校企合作办学至关重要。同理，企业方也要在管理办法中加入约束条件，不能因为是基地主建方，只约束对方，不约束自己。

（2）签订安全保护协议，购买人身意外伤害保险，确保学校、学生、家长、企业等多方权益得到保障。对于高校来说，学生离开校园到基地完成实践学习，必须保证学生的人身安全。在制度和保险的双重保护下，能够最大限度地保证各方的权益。

（3）做好学生的档案管理工作。基地学习依然是高校本科教育的一个部分，学生的课程成绩、考核与评价等内容都要完整和规范。档案内容应禁止返回校园以后再补充，因为这样的做法既不符合建档要求，也容易出现纰漏，进而影响基地教学质量评价，甚至影响到基地的可持续发展。

5.4 实习实训基地建设的问题及其对策

对于应用型本科高校而言，基地建设是必不可少的一部分。基地建设过程中需要考虑地理位置、师资水平、教学设施建设、教科研能力、课程设置、制度建设、学生管理、信息化建设等多个方面，相当于一个小型学校。因此，基地在建设过程中难免会遇到诸多问题。本节重点讨论基地建设存在的主要问题以及相应的对策。

5.4.1 实习实训基地建设存在的问题

（1）基地数量多，实用性差。基地建设是助力学生应用能力培养的重要手段，它存在的价值毋庸置疑。但实践证明，有的学校或者学院的基地建设的数量指标很好，但质量较差。在十几年前，各大高校建立的基地有限，学生的实践基本上依赖毕业实习、顶岗实习，尤其是顶岗实习的学生会直接进入企业，提前进入试用期，拿到毕业证以后可以直接签订就业合同，正式成为企业的一员。反观现在，基地数目随着学科和专业的建设而不断增加，部分高校的优势学科可以有多个基地，但很多学生却没有机会完成专业方向上的有效实践。从这里便可以看出，基地建设与企业实际生产线的距离依然很远。

（2）基地定位错误，使之成为辅助教学的手段。基地建设是为了培养人，不是为了辅助教学。虽然从理论上说，为"培养人"服务和为专业教学服务是一回事，但从实际上看，二者不完全是一回事。应用型本科高校在发展过程中，由于受现有师资、设备等限制，专业教学为"培养人"服务还只是一个理想的目标，远没有落地生根。目前的状况是，多数高校教师在纸面上体现着"培养人"的办学目标，实际上仍然做着"管理人"的工作，课堂教学与传统教学基本无差，只是在理论学时上进行了压缩，增加了实践学时。结果是学生所学和企业所用的技术仍然不匹配。

（3）基地建设计划不能落地，实际不符合技术需求。基地建设基本目标：实用性、真实性、仿真性、生产性、辐射性。目前的情况是基地投入标准不一、共建模式多样化、建设目标不统一。高校经费有限，导致基地建设多数为校企共建模式。有的基地是政府和校企共建，但政府不出资，只负责协调沟通。多方参与虽然可以降低单方投入成本，但也增加了沟通成本，尤其在"互利互惠"这条原则没有很好地遵守的情况下，更是限制了基地的实际效用。在基地建设之前，沟通还相对有效；在基地建设过程中，问题开始不断地出现，矛盾冲突逐渐增加；在基地建设后期，参与方都觉得无力改变既定事宜，虎头蛇尾现象严重。这样的基地多数也只能辅助教学，无法实现与企业顶岗实习一样的效果。

（4）只注重硬件设施，软件资源跟不上。目前，一部分高校教师甚至领导仍然认为基地建设的主要内容就是硬件资源建设，只要硬件到位，其他条件都很容易达到。事实上，仔细思考就会发现，如果仅靠硬件就能支撑教学，为什么各大高校要实施抢人计划以招揽人才。硬件是基础，人才是手段，两者相辅相成，缺少任何一方都不能成事。试想一下，一个硬件资源丰富的实验室，来了一个不能物尽其用的教师，何其尴尬。因此，软件资源与硬件资源同等重要。

（5）基地利用率低，资源浪费严重。有的高校在基地建设时，随着其他兄弟院校建设的步调，积极开展，唯恐落后。为了数量上好看，投入每个基地建设的经费有限，常常弄得教学不像教学、实践不像实践；有的高校经费较充足，为了方便，各个学科独立建设，没有提前做好资源共享的安排，导致设备浪费严重；有的高校在基地建设完成后才发现其他配套设施及软件资源不能匹配，导致一个基地的使用率还不如一个实验室的使用率。

（6）只关注实践课程，不注重素质培养。基地的根本功能是培养学生的实践能力。这里的实践能力不仅仅是"技能训练"，还应该包括综合职业能力的培养和职业素养的熏陶。学生进入基地犹如进入生产岗位，这里的一切都应该是企业生产环境的再现，应该有一系列的工作规范、工作制度、安全守则、文明素养等方面的要求，应该是职业人的标准。如果仅仅搭建实践环境，认为学生职业素质可以到工作以后再培养，那么基地培养出来的学生即使进入企业，也不具备职业岗位晋升的基础。

5.4.2 实习实训基地建设问题的对策

（1）立足产业，深入调研，做好基地建设总规划。实习实训是为了更好地服务地方需求，所以立足产业、统一规划、合理布局是基地建设的基本要求。具体做法：一是深入开展调查研究。可以根据具体合作模式，以座谈、会议、实地考察等多种形式，厘清基地建设的具体要求，包括建设标准、数量、服务对象、运行机制等内容。二是出台建设标准。在充分调研的基础上，出台建设总规划，明确建设目标、标准、内容、步骤和管理机制。三是统筹推进建设工作。基地建设应围绕地方经济发展需求，重点明确、规划合理、建设有序。

（2）对接地方需求，提炼特色学科专业，有针对性地开展基地建设。对于高校基地建设而言，不要因为怕出矛盾而搞平均主义，给每个学院都拨付部分基地建设经费，导致各个学院都在搞建设，却没有一个学院能够建设成功。应全力打造有地方服务需求的特色专业基地。具体做法：一是用辩证思维看待基地建设问题，抓主要矛盾，结合自己的优势学科和地方需求，提炼学科特色，并全力打造。二是搭建基础学科和交叉学科平台来辅助特色学科，做好软、硬资源的共享。三是分阶段分批次地开展基地建设，尤其对于投入较大的基地，可以分阶段分批次开展，以免耽误基地的使用。

（3）根据基地建设模式，遵守基地建设原则，有序且完整地实施建设。选择好基地建设模式以后，根据基地建设原则，再次确定建设方案，确定无问题后，即可实施建设。具体做法：一是建设方案须经参与方全部确认，不能仅仅由主要出资方确认。二是建设过程中，参与方本着"友好协商"的原则，遇到问题、商讨解决。三是尽量做到不中途修改计划。如果遇到不可抗力或者重大变故时，在尽量保证前期建设基础不受较大影响的情况下，协商解决计划的变更问题。

（4）采取开放式基地管理模式，最大限度地给学生提供学习训练的机会。基地除了满足实践教学，更重要的是给学生提供实操训练的场所。如果每天课上开放、课下关门，那么如何保证每个学生都能够在课堂上学习掌握要领，甚至熟练掌握操作流程？所以，开放式基地管理是提升基地实训效果的必要手段。具体做法：一是设置较长的开放时间。除去正常教学，课下自由开放时间不应少于教学时间，给学生充分的训练时长。二是配备专业的实训助理员。课下自由开放时间由专业的实训助理指导学生，并根据学生人数和实训室开放的数目动态调整助理员的人数。三是与企业开放式互联。基地建设不能保证与企业生产链条上的业务流程完全一致，所以，在基地完成基本训练以后，定期输送学生到企业一线实地操练，让一线技术人员直接指导。

（5）物尽其用，做好基地的空间规划。在基地里，不要做展示参观类项目，既占空间又无实训意义。基地建设毕竟是投入较多的项目，经费要用到核心建设上面。具体做法：一是以生产、运行类项目为主体，无关技术含量问题。二是做好排课计划，保证基地各个实训室的开放率和使用率。三是做好空间位置优化。在安全许可条件下，一个业务流程上的多个实训室集中安排，或者尽量集中属于一套完整训练项目的设备，提高学生学习效率。

（6）加强管理，融合文化教育和素质教育。基地不仅仅用于教学实训、实习，不能简单地把基地当成学校的一个大的实验室。在实验室里，操作大都是简单的原型系统，甚至是某个知识点的片段练习。但是在基地实训里，它虽然是企业生产线的缩影，但是它完整、真实，需要用标准的生产一线的规范来要求。具体做法：一是根据学科和专业要求，制定符合实际需求的操作规范；二是加强学生的职业素质教育，结合学校的素质培养目标制订职业素质教育规划，可以体现在具体课程和实地训练中；三是增加除技术技能以外的职业训练，可以是竞赛、企业实地参观、职业教育讲座等形式。

5.5 小结

应用型本科高校实习实训基地的建设应经过充分调研、论证，以建立集先进性、适用性、互补性于一体的，多层次、多类型、多功能的校内外实习实训基地群为目标，以实践能力、应用能力和职业基本素质培养为中心，以行业职业岗位能力要求为标准，坚持校内与校外建设相结合、自建与共建相结合、产学研相结合，分批分阶段建立健全校内外实习实训基地。

本章围绕应用型本科高校实习实训基地建设，重点研究如下内容。

（1）阐述了应用型本科高校实习实训基地建设的背景和意义。

（2）根据基地建设的投资主体、功能作用、运行管理等因素，对应用型本科高校实习实训基地建设模式进行了分类，重点分析了政府主导模式、行业企业主导模式、高校主导模式、校企协同主导模式和多方共建模式。

（3）总结了基地建设的主要内容，包括：人才队伍、设施设备、教科研平台、制度、课程、学生等管理方式，并给出了基地在这六个方面应遵循的建设原则。

（4）分析了基地建设过程中常见的数量多质量差、定位错误、重硬轻软、利用率低等问题，并针对问题给出了应对的策略，为应用型本科高校实习实训基地建设提供了理论基础。

第6章 新建地方应用型本科高校产教融合发展

产教融合是指应用型高校根据所设专业积极与企业合作，开办专业产业，把产业与教学密切结合，相互支持，相互促进，把学校办成集人才培养、科学研究、科技服务于一体的产业性经营实体，形成学校与企业浑然一体的办学模式。产教融合是产业与教育的深度合作，是应用型高校为提高人才培养质量而与行业企业开展的深度合作。

产教融合是地方高校转型发展的根本路径，而应用型高校是产教融合改革的重要试验田。党的十九大明确提出要完善职业教育和培训体系，深化产教融合、校企合作。2017年，国务院办公厅印发《关于深化产教融合的若干意见》，对产教融合作了系统的制度设计。2019年，中共中央办公厅、国务院办公厅印发了《加快推进教育现代化实施方案（2018—2022年）》《国家职业教育改革实施方案》，又将产教融合作为关键举措。同年，国家发展改革委、教育部印发了《建设产教融合型企业实施办法（试行）》，着眼于产业需求端开展具体制度设计和政策支持，为应用型高校发展创造了更为有利的制度环境。至此，应用型高校正成为深化产教融合改革的重要骨干力量，也将为产教融合改革向纵深推进提供了坚实的支撑。

党的二十大报告提出"统筹职业教育、高等教育、继续教育协同创新，推进职普融通、产教融合、科教融汇，优化职业教育类型定位"，再次明确了职业教育的发展方向，也明确了应用型本科高校的发展方向。产教融合已经成为应用型本科教育的基本教学模式，也体现了"应用型"教育的本质要求。图6-1列出了国家产教融合相关政策。

```
┌─────── 教 育 政 策 ───────┐    ┌─────── 产 业 政 策 ───────┐
│《国务院关于加快发展现代职业教育的决定》(2014)│    │《"十三五"国家战略性新兴产业发展规划》(2016)│
│《关于引导部分地方普通本科高校向应用型转变的指导意见》│    │《中华人民共和国国民经济和社会发展第十三个五年│
│(2015)                                    │    │规划纲要》(2016)                          │
│《关于深化产教融合的若干意见》(2017)       │    │《关于建设产教融合型企业实施办法(试行)》《试│
│《职业学校校企合作促进办法》(2018)         │    │点建设培育国家产教融合型企业工作方案》《国家产│
│《加快推进教育现代化实施方案(2018—2022年)》│    │教融合建设试点实施方案》(2019)             │
│《国家职业教育改革实施方案》(2019)         │    │《现代产业学院建设指南(试行)》(2020)       │
│《职业教育提质培优行动计划(2020—2023年)》(2020)│    │《特色化示范性软件学院建设指南(试行)》(2020)│
│《关于深化现代职业教育体系建设改革的意见》(2022)│    │《中华人民共和国国民经济和社会发展第十四个五年│
│《教育部办公厅关于开展市域产教联合体建设的通知》(2023)│    │规划和2035年远景目标纲要》(2021)           │
└──────────────────────────┘    └──────────────────────────┘

┌─────── 人 才 政 策 ───────┐    ┌────── 财 政 金 融 政 策 ──────┐
│《关于深化人才发展体制机制改革的意见》(2016)│    │《教育现代化推进工程实施方案》(2017)       │
│《"十三五"国家科技人才发展规划》(2017)     │    │《关于加强实训基地建设组合投融资支持的实施方│
│《教育部关于加快建设高水平本科教育全面提高人才培养│    │案》(2018)                                │
│能力的意见》(2018)                        │    │《财政部关于调整部分政府性基金有关政策的通知》│
│《教育部关于职业院校专业人才培养方案制订与实施工作│    │(2019)                                    │
│的指导意见》(2019)                        │    │                                          │
│《教育部关于深化本科教育教学改革全面提高人才培养质│    │                                          │
│量的意见》(2019)                          │    │                                          │
│《关于加强新时代高技能人才队伍建设的意见》(2022)│    │                                          │
└──────────────────────────┘    └──────────────────────────┘
```

图 6-1 国家产教融合相关政策

6.1 产教融合的基本内涵

因为人才培养供给侧和产业需求侧在结构、质量、水平上还不能完全适应，2017年，国务院办公厅印发《关于深化产教融合的若干意见》，从宏观的角度提出如何构建教育和产业统筹融合发展格局，并提出了指导思想和要求。文件指出，深化产教融合是"促进教育链、人才链与产业链、创新链有机衔接，是当前推进人力资源供给侧结构性改革的迫切要求"。

产教融合与校企合作有本质的区别。产教融合的概念偏向宏观，"产"指产业，"教"指教育，两者都是总体领域。融合是指多个事物融合到一起，你中有我，我中有你，最终形成"你是我，我是你"的理想境界。就应用型本科高校而言，落实产教融合，就是要使自身特色专业的建设、培养模式和教育教学能够与对应的产业发展以及就业和创业需求紧密对接，从而实现教育链、人才链、产业链以及创新链的有机衔接与融合。

校企合作偏向微观，其含义是明确的，"校"和"企"都是实体，合作也有各种内容和形式，且十分具体，其最初的提出源于职业教育的实践教学。教育部、国家发展改革委、工业和信息化部、财政部、人力资源社会保障部、国家税务总局六个部门 2018 年 2 月联合发布的《职业学校校企合作促进办法》，对校企合作的界定"是指职业学校和企业通过共同育人、合作研究、共建机构、共享资源等方式实施的合作活动"，规定校企合作机制是"校企主导、政府推动、行业指导、学校企业双主体实施"。

深化产教融合既要着眼于系统整体，又要重视系统组成部分，并把整体和部分辩证统一起来，厘清产教融合这一复杂系统中的决策主体和实践主体，建立校企长效合作机制。

6.1.1 产教融合的指导思想

该意见中提出产教融合的总指导思想，即全面贯彻党的十九大精神，坚持以习近平新时代中国特色社会主义思想为指导，紧紧围绕统筹推进"五位一体"总体布局和协调推进"四个全面"战略布局，坚持以人民为中心，坚持新发展理念，认真落实党中央、国务院关于教育综合改革的决策部署，深化职业教育、高等教育等改革，发挥企业重要主体作用，促进人才培养供给侧和产业需求侧结构要素全方位融合，培养大批高素质创新人才和技术技能人才，为加快建设实体经济、科技创新、现代金融、人力资源协同发展的产业体系，增强产业核心竞争力，汇聚发展新动能提供有力支撑。

2017 年，国家发展改革委有关负责人对《关于深化产教融合的若干意见》进行了解读，提出了以下几点内容。

（1）该意见是深入贯彻习近平新时代中国特色社会主义思想的重要举措。

（2）该意见是落实党中央、国务院关于教育和人才改革发展重大决策部署的重要行动。

（3）该意见是适应引领新一轮科技革命和产业变革趋势的必然要求。

（4）该意见顺应了深化教育改革、办好人民满意的教育的前进方向。

产教融合的核心是要让行业企业成为重要办学主体，这是深化教育供给侧结构性改革的重大举措，既涉及宏观的教育布局和结构，又涉及人才培养模式改革，还事关教育组织形态和服务供给多元化，是完善现代办学体制和教育治理体系的一项制度创新。该意见紧紧把握贯彻新发展理念，推进人才和人力资源供给侧结构性改革的要求，按照党中央、国务院的决策部署，将深化人才发展体制机制改革和推进供给侧结构性改革结合起来统筹推进。同时，将落脚点放在提高教育质量、优化服务供给、切实解决人才供需"两张皮"的现实问题上，以推动教育与经济社会发展相协调，促进就业创业，引领和支撑产业转型升级。

从宏观上讲，该意见坚持问题导向，重点聚焦与就业市场、企业需求、创新创业直接相连的职业教育、高等教育，重点聚焦调动企业参与积极性，发挥企业重要主体作用，形成政府、企业、学校、行业及社会协同参与的工作格局，着力构建产教融合一揽子政策体系；发挥好政府统筹作用，同步规划产教融合和经济社会发展，优化职业教育、高等教育布局结构，促进教育和产业联动发展；促进人才供需两端相向发力，促进产教融合供需对接，支持校企协同开展人才培养和科技创新工作；着力完善融合体系，综合运用投资、财税、用地、金融和试点等方式，形成激励保障协同支持，强化组织实施。

从微观上讲，学校和企业是落实产教融合的共同责任人，区别于以往校企合作的普通参与者，是以主动替代了被动，以融合替代了合作，形成了一荣俱荣、一损俱损的关系。校企双方需要在该意见的大指导方针下，围绕产业、学科、专业，立足学科优势，设置双方"产业—教育"的具体指导思想，开发新的"三教""三融"办学模式，充分服务地方经济，形成互利共赢局面。图6-2为产教融合模式下的人才培养体系结构。

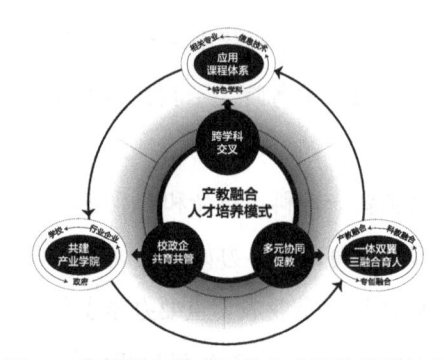

图6-2 产教融合模式下的人才培养体系结构

6.1.2 产教融合的基本原则及目标

在《关于深化产教融合的若干意见》指导下，产教融合基本原则和目标如下。

（1）统筹协调，共同推进。将产教融合作为促进经济社会协调发展的重要举措，融入经济转型升级各环节，贯穿人才开发全过程，形成政府、企业、学校、行业、社会协同推进的工作格局。

（2）服务需求，优化结构。面向产业和区域发展需求，完善教育资源布局，加快人才培养结构调整，创新教育组织形态，促进教育和产业联动发展。

（3）校企协同，合作育人。充分调动企业参与产教融合的积极性和主动性，强化政策引导，鼓励先行先试，促进供需对接和流程再造，构建校企合作长效机制。

该意见指出，深化产教融合的主要目标是逐步提高行业企业参与办学程度，健全多元化办学体制，全面推行校企协同育人，用 10 年左右时间，教育和产业统筹融合、良性互动的发展格局总体形成，需求导向的人才培养模式健全完善，人才教育供给与产业需求重大结构性矛盾基本解决，职业教育、高等教育对经济发展和产业升级的贡献显著增强。

从该意见中的原则和目标可以看出，产业和教育需要做到真正融合，而不是合作。校企双方要"共担当、携育人、促服务、求发展"，借力打力，企业借助学校培养急需人才，学校借助企业完善办学模式、方法与实践，双方共同促进人才培养、学生就业、科技成果产业化，真正把产教融合做实做强。

6.2 产教融合的角色定位

要构建以行业、企业为办学主体，政府、学校为次主体的合作框架，产教融合的主动方必须是行业、企业才能进行深度融合。以往的校企合作是学校为了实现人才培养目标，主动接近企业，寻求与企业联合办学的教育策略。产教融合则是在校企合作的基础上，以对接产业发展为先导，以培养技术技能型人才为主的合作育人策略。产教融合是双向互动和整合的过程，是校企合作的高级阶段。产教融合发展的好坏，直接关系到整个职业教育、工程技术教育发展的质量，所以产教融合发展应体现从学生到社会人、职业人的转变过程，故必须明确各自的角色。

1. 政府角色定位

高校产教融合的运行需要政府的引导、支持与规范。行业与企业是生产性、营利性组织，而学校是公益性、消费性组织，两者有着不同的属性，需要政府推动和统筹规划。政府的支持力度直接决定产教融合的深度，宏观上可以给予政策、制度、资金的支持；微观上可以给予健全的配套机制体制，具体责任落实到位。只有宏观、微观都统筹到，才能让政策不停留在"号召"层面，具有实践性。政府角色定位准确，才能够做好校企双方合作的"润滑油"。

2. 行业角色定位

行业重点发挥协调和指导作用。行业组织和社会机构能够提供创新创业、前沿技术课程、职业培训和教学服务类的教育培训，例如：鼓励教育培训机构、行业、企业联合开发优质教育资源，大力支持"互联网+教育培训"发展。行业组织和行业性的中介组织能够促进产教双向供求对接，行业主管部门要通过"职能转移、授权委托"等方式，积极支持行业组织制定深化产教融合工作计划，开展人才需求预测、校企合作对接、教育教学指导、职业技能鉴定等服务。

3. 企业角色定位

企业发挥主体作用。当前，我国人才的教育供给和产业需求在结构、质量、水平上还不能完全适应，要推进"管办评"分离和"放管服"改革，加快教育治理模式转变，引入企业等主体参与办学，积极发挥行业协会和社会第三方作用，促进办学主体多元化、治理结构现代化，在深化办学体制改革中提高教育质量。例如：鼓励企业依托或联合高等学校设立产业学院和企业工作室、实验室、创新基地、实践基地；鼓励以引企驻校、引校进企、校企一体等方式，吸引优势企业与学校共建共享生产性实训基地等。

4. 高校角色定位

高校发挥人才培养和科学研究作用。应用型本科高校要紧跟行业标准，在人才培养模式上坚持以培养应用技术型人才为目标；在学科专业建设上坚持以产业实际需求为基准；在课程体系标准设置上坚持以职业岗位标准为核心；在师资能力建设上坚持以"双师、双能、双创"标准培养和聘用人才。在角色定位下，集聚企业优质信息资源，发挥企业的创新能力和教师的研究能力；强化实验实训，发挥教师的专业应用能力；适应从教学主导方到接受方的角色转换，构建融合企业、行业需求的教育体系。

行业、企业在与高校对接中，从各自的角色定位出发，着重强调人才培养和企业岗位需求的对接、学科专业与产业的对接、课程体系与职业岗位标准的对接、教学过程与生产过程的对接，以及教师与行业企业技术人员的对接，充分实现深度融合、精准对接。

6.3 产教融合的发展格局

随着产教融合发展的不断深入，校企合作已呈现出多样化格局，例如：教育集团、产教融合型企业试点、产业学院、企业实习实训基地等，逐步形成专业共建、人才共育、过程共管、资源共享、责任共担的校企合作新局面，从广度和深度上，都与传统的校企合作有着天壤之别，主要表现在以下五个方面。

1. 体系架构不同

《关于深化产教融合的若干意见》首次明确了深化产教融合的政策内涵及制度框架，完善了顶层设计，将产教融合从职业教育延伸到以职业教育、高等教育、继续教育的"三教融合"教育体系，上升为国家教育改革和人才开发整体制度安排，推动产教融合从发展理念向制度供给落地。

"十三五"以来，随着许多高校的发展转型，校企合作也随之发生改变，以不断适应市场需求。该意见出台以来，确定了高校转型发展的指导框架，更多的高校从校企合作逐步过渡到产教融合模式上来，积极发挥自身特色优势，明确自己的定位，与行业企业共同发展教育事业，为地方产业服务。

2. 将教育先行、人才优先融入各项政策

该意见着眼促进人力资本积累，各地在提出制定实施经济社会发展等各类规划时，要明确产教融合要求，同步规划产教融合发展政策措施、支持方式、实现途径和重大项目，将人才作为支撑发展的第一资源，在提升人力资本中推动发展质量、效率的提升。

如图 6-1 所示的国家产教融合相关政策中，无论是教育政策、产业政策还是人才政策，均在文件中多处、多次提到人才培养的重要性。区别于传统校企合作的以"就业"为基本目标，以"评估数据"为考核标准。新时代下的产教融合更强调"人才"的培养，即培养国家需要、市场需要、社会需要的人。实施新时代人才强国战略教育要先行，培养创新人才离不开科学的教育。人才强国是中华民族伟大复兴的基础工程，必须把教育事业放在优先位置。应用型本科高校强调培养"技术技能型"人才，要加大创新和实践能力培养力度，充分发挥自身和行业企业的力量，加大校企双方融合的深度，推动企业互通、行业互联、产教互补。

3. 强调企业重要主体作用

该意见坚持问题导向，找准症结，着眼强化企业重要主体作用，提出企业办学准入条件透明化、审批范围最小化，实行"引企入教"改革，健全学生到企业实习实训制度等，推动企业以多种形式参与办学，支持将企业需求融入人才培养，由人才"供给—需求"单向链条，转向"供给—需求—供给"闭环反馈，促进企业需求侧和教育供给侧要素全方位融合。

目前在应用型本科高校中，企业参与度较高，且主动参与意识较强。其中国内资质较高的企业颇多。例如信息领域的华为、联想、大华、东软等实体企业，都分别与高校在人才培养、科技创新、科研成果转化等方面进行了深化合作，共同推动"产学研用"高质量发展，并有相应的产业学院落地，实施共同招生、共同培养。企业利用行业领域的技术优势、研发成果以及业务创新实践能力，同高校在技术、人才、资源等方面进行深度合作，互通有无，探索服务地方社会经济发展新模式，实现"1+1>2"的共赢局面。

4. 合理划分政府、社会组织和市场边界

该意见不搞行政命令式"拉郎配",侧重加强企业行为信用约束,强化行业协会组织协调,催化中介组织和服务型企业,打造"互联网+"信息服务平台,化解校企合作的信息不对称,降低制度性交易成本,体现市场配置资源的改革取向,落实"放管服"改革要求。

在校企合作初期,高校相对抵制中介组织和社会组织,一些地方政府支持政策又不明朗,使得许多高校担心中间有利益冲突。有这样想法的根源在于企业没有作为主体参与人才培养,没有投入更多的资源;高校虽然是主体,但是不认可企业利益点,或者双方的利益点差异化明显,共同目标不一致。

随着产教融合的逐步深入,政府、行业企业、高校对自己的定位与角色认识更加清楚,明确了各自的职、权、利,在该意见方针的指导下,将思想认识统一到一个高度,认可"多足鼎立"局面,各自发挥长处,补齐各自短板。政府不再过度干预,企业不再追求全方位利益,高校则以"技术技能型"人才培养为主线,突出自己专业特色。三方共同适应市场需求,培养符合行业标准的技术技能型人才。

5. 完善产教融合推进机制

该意见提出重点构建三项推进机制:一是重点在学校侧,实施产教融合工程,引导各类学校建立对接产业需求的人才培养模式;二是重点在企业侧,加强财税用地和金融支持政策协同,鼓励企业投资产教融合;三是重点在地方政府等层面,开展产教融合型城市建设等试点,支持有条件地区、行业和企业先行先试,完善评价引导,推进以评促建。

6.4 新建地方应用型本科高校产教融合发展

6.4.1 应用型本科高校产教融合现状

2017年10月18日,习近平总书记在党的十九大报告中指出,要深化产教融合。这个指导性的方针为应用型本科高校指明了发展道路。近年来,"产教融合"一词在国家政策中被反复提及。

2017年12月,国务院办公厅印发《关于深化产教融合的若干意见》。

2018年10月,国家发展改革委、教育部、人力资源社会保障部、国家开发银行联合印发《关于加强实训基地建设组合投融资支持的实施方案》,支持国有企业、民营企业联合职业学校、高等学校建设"以产为主"的产教融合实训基地。

2019年3月,国家发展改革委、教育部关于印发《建设产教融合型企业实施办法(试行)》,且由高职向本科逐步升级。

2019年7月,国家发展改革委印发《国家产教融合建设试点实施方案》。

2021年6月,国家发展改革委、教育部职业教育与成人教育司发布《关于国家产教融合型企业名单的公示》。

2021年7月,国家发展改革委办公厅、教育部办公厅发布《关于印发产教融合型企业和产教融合试点城市名单的通知》。

一系列的方针举措,开启了深化产教融合发展之路,切实地为深化产教融合,促进教育链、人才链与产业链、创新链的深度融合和有机衔接提供了发展路径。

2022年,工信部公开遴选产教融合型专业建设试点院校,面向应用型本科、高职、中职和技工技师院校等,重点任务是优化专业体系建设,建立紧密对接产业链、创新链的专业体系;鼓励校企深度合作,促进企业需求有效融入人才培养各环节,鼓励高校和行业龙头企业联合建设职教集团,推进实体化运作;强化"双师"型师资队伍建设,鼓励高校教师到对口企业定期交流实践,大力推动企业人才到校兼职任教,促进校企人才的双向流动。

进入"十四五"以来,全国各省市涌现出了一批应用型"产教融合示范高校"。例如:首都城市学院牵手首钢实业,华北电力牵手国网综合能源服务集团有限公司,上海商学院牵手瑞士洛桑酒店,华为鲲鹏产业学院也在多个高校成立。各地高校凭借自己的特色专业,与行业龙头企业签订战略合作协议,成立产业学院,共同培养专业性人才,为地方经济发展提供服务。

6.4.2 应用型本科高校产教融合瓶颈

尽管全国各地涌现出了多个由龙头企业牵头的产业学院,但其产教融合发展道路注定是不平坦的。国外经验性的方法不能完全适应我国国情，就连国内成熟的方法在不同行业或高校也有着不同的问题。有的问题容易解决，有的问题成了制约和瓶颈。国家发展改革委相关负责人曾在接受采访时指出：校企合作"学校热、企业冷"，处于浅层次、自发式、松散型、低水平状态等，概括来讲就是活跃度不够、契合度不深、贡献度不足，即地方高校与所在区域城市的融合互动机制不完善，学科专业设置与区域产业发展的关联度不高，人才培养过程与服务区域城市发展的契合性不强。对此，2018 年，教育部学校规划建设发展中心处长刘志敏表示：校企合作"学校热、企业冷"的问题实际上并不怪企业，而是因为过去产教融合的模式没有给企业创造价值。当企业面临转型升级，需要创新要素来支撑的时候，他们与科研单位、教育单位的合作积极性就提高了。此外，如果政策利好，降低企业产教融合的风险和成本，甚至提高它们的收益，就会有更多的企业参与。从这个出发点总结产教融合发展的瓶颈和制约因素，主要表现在三个层面。

1. 宏观层面

教育和产业统筹融合、良性互动格局尚未根本确立。一些地方的发展"见物不见人"，教育资源规划布局，人才培养层次、类型与产业布局和发展需求不相适应，技工、高技能人才需求量居高不下，部分高校毕业生就业压力持续增大，人才供需结构性矛盾凸显。

2. 微观层面

校企协同、实践育人的人才培养模式尚未真正形成，校企合作"学校热、企业冷"，处于浅层次、自发式、松散型、低水平状态。企业参与办学积极性不高，缺少参与教育和培养人才的动力；课程内容与职业标准、教学过程与生产过程相对脱节，"重理论、轻实践"问题普遍存在；行业指导专业能力不足，在应用型教育发展规划中没有体现地位和作用；学校内部应用型规划和实施能力偏弱。

3. 政策层面

缺乏促进产教融合、校企合作的整体性、系统性政策供给，激励保障服务还不到位；政府、企业、学校、行业和社会各负其责、协同共进的发展格局尚未健全，甚至政府部门间、企业间、学校间和行业间都缺少互动。

此外，高校转型前的办学性质对高校后期的转型发展也形成了或多或少的制约。尤其是从普通本科转型成应用型本科的高校，由"学术"到"应用"的转变快慢不一，即使学习了国家、地方文件，也不能很好地领会文件精神，在转型发展的过程中步履艰难。而原型是职业院校的高校，在转型发展的过程中，能够较快地适应，直接在原有校企合作的基础上补齐短板，实现人才培养从技能到技术的提升。但因其理论水平不够高，技术高度难以到达预期水平。

6.4.3 应用型本科高校产教融合应对方案

深化产教融合既要着眼于系统整体，又要重视系统组成部分，并把整体和部分辩证统一起来，厘清产教融合这一复杂系统中的决策主体和实践主体，建立校企长效合作机制。

1. 宏观层面

（1）产教融合是一项综合性、系统性工程，可以采用"总设计"和"总指挥"两条指挥线的社会系统工程管理体系。首先，要设立负责产教融合设计的实体机构，研究产教融合的总体目标、总体计划和实施过程的方案。总设计部由高校、企业、政府以及行业专家组成，以科学研究为基础，运用综合集成的方法将专家体系、产学研、数据、信息与知识体系以及计算机体系有机结合起来，形成一个具有综合优势、整体优势、智能和智慧优势的高度智能化的人机结合与融合体系。当前，已有部分高校开始尝试联合组建实体化机构，破解长期掣肘产教融合的关键问题，比如组建数字中心、产业学院、技术研发中心以及混合所有制职业院校等，并取得了显著的成绩。其次，确立产教融合实施的总指挥，负责产教融合的具体实施。总指挥根据实体机构设计确定的总体方案组织人力、物力以及财力等资源，推进产教融合的具体实践。由此形成产教融合系统中的两条线：一条是总设计部负责的总设计师指挥线；另一条是总指挥负责的总指挥指挥线。这两条线相互协调，共同促进产教融合。

（2）完善产教深度融合的合作机制，以数字化赋能产教融合，激发产教融合复杂系统的整体性。要将产教融合的总体方案和总体实施方案落实到各实践主体，需要完善合作机制，增强各实践主体的协调性。一方面要建立数字化人才联合培养机制，支持产学研创新联合体建设，促进不同学科专业交叉融合，充分利用龙头企业的先进技术和数字资源优势，搭建数字化产教融合创新平台，有效发挥先进科技的支撑作用，在产教融合的复杂生态系统中建立起系统的、有效的产学互动。另一方面要整合产业中各层次的企业管理者、创业者以及政府官员等人才资源，多方共同参与数字课程的开发、教材的设计、实践基地的建设以及人才培养方案的制定，加强教学资源数字化、课程及师资数字化、教学方式数字化以及教学管理数字化，联合培养真正适应数字经济时代的具备国际视野和新思维、良好的商业道德素养、较强的数据决策与创新能力的数字化人才。

2. 微观层面

（1）将产教融合作为党员学习、教学思政、教科研究的重要载体，从思想认识上构建学习思政、课程思政、教科研思政多渠道融合的高度统一的"管理+育人"融合体系。产教融合是典型的理论与实践的结合，是思想与行动的统一，是新时代下教育发展的最佳路径。企业和高校党组织要充分发挥好学习引领作用，树立党员先锋模范；高校在教学过程中，要重点把握产教融合理论方面的知识点；企业在教学过程中，重点把握实践方面的知识点；高校和企业教师共同在教学、科学研究上进行深度合作，以"创新"为第一要素，结合"产—教"目标和原则，做好协同育人工作，培养出德智体美劳全面发展的应用技术型人才。

（2）将产教融合作为应用型本科高校教师能力考核和人才引进的重要指标。"科教+产教"融合能力是应用型本科高校教师素质的重要体现，是"双师型"教师在具体教学过程中能力的展现，是应用型本科高校综合能力的重要评价指标之一。对于研究型高校的教师，考核其科研能力；对于应用型高校的教师，考核其技术能力。相比于研究型高校教师，对应用型高校教师的要求更多，不仅要求其有一定的学科专业能力，还要求其有较高的技术应用能力，既要有广度，又要有深度。"科教+产教"融合能力提升的路径就是产教深度融合，而高校产教融合包括教师专业能力与行业企业技术需求的匹配和学生技术能力与行业企业岗位需求的匹配。学校既作为产教融合的合作方，也作为教师和学生依托的产教融合平台，不仅需要给师生提供政策、资金、环境支持，还需要做好企业与教师、学生合作的润滑剂，否则具体事宜很难落地。

（3）将"产业学院"作为产教融合的新平台。产业学院作为产教融合的新平台，其实践操作性很强，符合应用型本科发展的定位。在产业学院中，教育的供给侧和产业的需求侧努力达到同频共振，找到共同利益点，形成供需对接的同时，达到利益最大化。校企双方在产业学院的平台下，开展专业共建、人才共育、双师队伍培养、完善校企课程体系、建设高标准实习实训基地、打造协同创新平台等，互联互通，补齐短板。为了能够使产业学院顺利落地，校企双方应组织专门负责产业学院的教学与管理团队，明确双方人员的权、责、利，确保教育工作顺利协同开展。

3. 政府层面

（1）在政策支持上，加强理论研究，完善法律法规，强化政策供给。学校外联能力不足，政府应出面给予支持和帮助，促使产业学院落地实施。同时，地方政府和行业部门要加强统筹协调，立足区域产业发展，整合企业和学校资源，加大政策激励和投入力度。

（2）在发展模式上，政府要积极出台鼓励多元发展的相关制度，积极探索股份制和混合所有制办学，给予学校和企业共同办学的资质；逐步明确和完善政府及职能部门在产业学院中的定位，积极构建产教融合中各个实体的责任和利益机制，调动参与各方的积极性，形成校企命运共同体。

（3）在利益分配上，协助校企双方正确规避风险，在基本制度的约束下，有效地完成合作双方的利益分配，给予各自相对自由的管理空间。

6.5 小结

产教融合是新时代背景下教育链、人才链、产业链与创新链有机连接的高等教育新体系建设的重要命题。对于应用型本科高校来说，深化产教融合是培养高素质创新人才和技术技能人才、实现高质量发展的必由之路。

本章围绕应用型本科高校产教融合建设，重点研究了如下内容。

（1）阐述了产教融合的基本内涵，并在《关于深化教育整合的若干意见》的指导下，设计了产教融合模式下的人才培养体系结构和目标。

（2）明确了产教融合中政府、高校、行业、企业各自扮演的角色，对各自承担的责任进行了详细说明。

（3）分析了产教融合发展格局，进一步强调了产教融合与以往校企合作的不同，为进一步的科教融汇奠定了理论基础。

（4）分析了产教融合现状，阐述了宏观层面、微观层面以及政府层面存在的问题，并分别给出了基本应对策略，为高校认清产教融合实质，建立校企长效合作机制奠定了理论基础。

第7章 新建地方应用型本科高校学科建设发展

习近平总书记在党的二十大报告中指出:"加强基础学科、新兴学科、交叉学科建设,加快建设中国特色、世界一流的大学和优势学科。"相较党的十九大报告中"加快一流大学和一流学科建设"的概括性表述,党的二十大报告对学科建设有了进一步的深刻和具体的阐释:"基础学科、新兴学科、交叉学科"是未来学科建设的工作重点;"中国特色、世界一流"充分体现了学科建设在中国式现代化事业中的全新定位和更高要求。国家通过学科建设,对科学知识生产进行统筹与安排,间接对人才培养、创新力量、科学技术的产生和发展起到推动作用,为全面建设社会主义现代化国家提供动力牵引。为贯彻落实党的二十大精神战略谋划,各大高校要明确加强基础学科、新兴学科、交叉学科建设的任务,完成加快建设中国特色、世界一流的优势学科的目标,坚持科技是第一生产力,践行人才是第一资源、创新是第一动力的策略,为国家建设发展提供人才与技术保障。

7.1 学科建设的基本内涵

学科是关于一门学问的知识集成,是一种系统性的知识体系。学科建设是指学科主体根据社会发展需要和学科发展规律,结合自身实际,采取各种措施促进学科发展和学科水平提高的社会实践活动。从本质上而言,学科建设的过程是知识的保护、传承与创新的过程,是知识体系的构建、维护与更新的过程。

7.1.1 学科建设指导思想和工作原则

党的二十大报告对教育、科技、人才工作作出重大战略部署,强调教育、科技、人才是全面建设社会主义现代化国家的基础性和战略性支撑,要求加快建设教育强国、科技强国、人才强国,加强建设基础学科、新兴学科、交叉学科,加快建设中国特色、世界一流的大学和优势学科。无论是研究型大学,还是应用型大学,在学科建设上的指导思想是一致的。

1. 学科建设指导思想

深入学习贯彻党的二十大精神,全面贯彻落实习近平总书记关于教育的重要论述,完整、准确、全面贯彻新发展理念,面向世界科技前沿、面向经济主战场、面向国家重大需求、面向人民生命健康,推动高校积极主动适应经济社会发展需要,深化学科专业供给侧改革,全面提高人才自主培养质量,建设高质量高等教育体系。

2. 学科建设工作原则

以服务经济社会高质量发展为导向,想国家之所想、急国家之所急、应国家之所需,建好建强国家战略和区域发展急需的学科专业,突出优势特色。以新工科、新医科、新农科、新文科建设为引领,做强优势学科专业,形成人才培养高地;做优特色学科专业,实现分类发展、特色发展,强化协同联动;加强教育系统与行业部门联动,加强人才需求预测、预警、培养、评价等方面的协同,实现学科专业与产业链、创新链、人才链相互匹配、相互促进。

在总的指导思想和工作原则下,高校在学科建设上可从以下三个方面着力。

(1) 以基础学科建设培养高层次拔尖人才。基础研究是科学之本和创新之源,是国家核心竞争力的重要组成部分,是提升原始创新能力的根本途径。近现代科学技术和经济社会发展的历史事实表明,任何重大的技术创新都来源于基础科学研究的重大突破。基础科学研究为社会进步提供了强大的动力,其人才培养尤其是高层次拔尖人才培养,不仅事关我国基础科学研究水平的提升,还是建设创新型国家和实现第二个百年奋斗目标的重要人才和智力支撑。

(2) 以新兴学科建设激发创新力量新增长点。新兴学科的核心在"新",其内涵和外延都具有强烈的时代特色。中国特色社会主义进入新时代,创新在我国现代化建设全局中处于核心地位。立足国家发展新阶段,以新兴科学技术为代表的创新力量是实现国家战略的关键支撑。由于新兴学科缺乏成熟的学科基础作为模式参考，也缺乏具体的行业依托作为建设方向，因此新兴学科能否成为新型学科发展的"根据地"，很大程度上取决于新兴学科能否带来新的创新力量。

（3）以交叉学科建设实现高水平科技自立自强。交叉学科是多个传统学科相互渗透、交叉、融合形成的新学科，具有相对独立的研究对象，在发展中逐渐形成自己的理论、知识和方法体系。交叉学科建设立足国家战略和区域产业发展需求，是不同学科知识相互渗透和建立联系的重要形式，体现出集中优质资源解决重大关键难题的特点，适应新一轮科技革命发展新要求，已经成为学科发展的必然趋势。交叉学科建设瞄准的是世界科学前沿，解决的是国家重大需求领域中的"卡脖子"问题，取得的是核心关键技术的突破，在很大程度上推动了高水平科技自立自强目标的实现。

7.1.2 学科建设内涵

学科建设的内涵十分丰富，可以从传统学科建设和新学科建设两个视角来阐述学科建设内涵。

1. 传统学科建设内涵

传统学科是指学术成熟度较高、逻辑严谨，并在高等教育学科专业建设历史沿革中发展时间较长，一直延续至今的学科。进入新时代，随着科学技术的不断进步，新产品、新技术、新应用不断涌现，传统学科的发展和优势面临着前所未有的挑战。新时代背景下，传统学科需要另辟建设和发展路径。

（1）持续明确和深耕学科方向，形成自身特色优势。学科建设要找准发展方向，寻找好的发展空间，既要紧紧抓住本学科的发展，又要和学校的传统优势学科相结合，在此基础上明确学科发展方向，找到新的优势增长点，突出自己的特色。根据学校办学定位、学科优势，利用好基础学科、支撑学科的资源，形成完整的学科发展助力链条；充分利用校内外政策、资源，联合产业行业，以问题为导向，对应学科及专业特色，抓住核心需求，尽早谋划，做好布局。

（2）优化学科结构，加强学科建设发展规划，完善学科专业体系。调整优化学科结构、专业设置，培养创新型、复合型、应用型人才是我国产业发展的需要，是保持和发展办学特色的条件。高校要科学制定学科专业发展中、长期规划，主动适应国家和区域经济社会发展、知识创新、科技进步、产业升级需要，做好学科专业优化、调整、升级、换代和新建工作，以适应动态发展需求；要将学科专业规划与学校事业发展规划相统一，建立健全工作制度，每年根据社会人才需求、学校办学定位、办学条件等，以问题为导向，对本校学科专业设置和调整进行专题研究，直接反馈到学科建设及发展规划中，为学科建设的顺利实施创造条件。学科体系的构建要适应"强化基础、重视应用、特色培养"要求，分类推进基础和应用人才培养。高水平研究型大学要加大基础研究人才培养力度，地方高校要拓宽基础学科应用面向，构建"基础＋应用"复合培养体系，探索设置"基础学科＋"专业特色项目。

（3）汇聚学科人才，提供人力资源保障。学科交叉融合是学科发展的新趋势，符合学科发展规律。即使是老牌学科，也要立足学科交叉，科学合理设置高校教师招聘条件，汇集学科人才，建立学科交叉的师资梯队，搭建学科平台，为走内涵式、高质量发展道路提供人力资源保障。通过"基础、支撑、应用"等交叉团队的建设，促进学科知识向产业应用转化，寻找新的结合点，产出具有原创性的创新成果，打造高水平的教科研平台。

（4）搭建学科基地，提供物质条件保障。学科基地以学校二级单位系部或教研组为依托，是本学科教师发挥集体智慧、提高教学水平和教学质量的教学研究组织，是同一学科体系内相关教师开展教学研究的重要阵地。因为学科交叉关系，高校在学科基地建设时，应以应用需求为引领、基础学科作支撑、信息化技术作手段，形成发展合力。高校在建立学科基地以后，要提供其所需的人力、物力和财力，必要时加大投入以满足学科建设需要。同时，学科基地的建设是持续的，要做好年度规划、中长期规划及建设总结，以便形成辐射效应。

（5）创新学科建设机制，完善质量保障机制。高校要按照人才培养"先宽后深"的原则，制订科学、规范的人才培养方案，系统设计课程体系，配齐配强教师队伍、教学条件、实践基地等，确保人才培养方案落实落地；定期开展学科专业自评工作，建立健全学科专业建设质量年度报告制度，系统报告学科专业建设与调整整体情况、分专业建设情况、服务经济社会发展情况等，主动公开接受社会监督；完善协同创新、绩效评价、激励约束和统筹协调机制，提供政策制度保障。学校层面，要加强学科专业发展规划，加快推进一流学科建设，深化新工科、新医科、新农科、新文科和基础学科专业建设，完善学科专业建设质量保障机制；省级层面，要加强学科专业设置统筹、严格学科专业检查评价、开展人才需求和使用情况评价；国家层面，要切实发挥学科专业目录指导作用、完善学科专业管理制度、加强学科专业标准建设和应用、强化示范引领、实施"国家急需高层次人才培养专项"、加强专业学院建设、健全学科专业调整与人才需求联动机制。

（6）制定学科建设规划，明晰建设目标，明确战略任务以及实施举措。制定年度、三年、五年学科建设规划，明晰近期、中期、远期目标，明确具体建设任务及指标，并提出对应指标的实施举措。高校可根据办学定位与特色，在学科平台建设、成果产出与转化、管理工作机制等方面发力，形成具体建设目标；围绕学科建设目标，积极推进改革，通过优化学科结构布局、实施分层建设、加强绩效考核、改善评价机制、产教深度融合等一系列措施的落实，促进学科综合实力和核心竞争力的提升，使学科建设各项指标达到预期。

2. 新学科建设内涵

2019年10月30日，教育部印发了《关于一流本科课程建设的实施意见》，指出要"聚焦新工科、新医科、新农科、新文科建设，体现多学科思维融合、产业技术与学科理论融合、跨专业能力融合、多学科项目实践融合，建设一批培养创新型、复合型人才的一流本科课程"。

（1）课程思政是新学科建设的价值引领。没有思想政治理论和教育的引导，新学科建设就偏离了方向；没有思想政治理论和教育的内容，新学科建设就缺失了灵魂。新学科建设取百家之长，以具有无限开放、包容和生机的中国特色社会主义先进文化作为价值引领，培养中国特色社会主义事业的建设者和接班人，教育他们承担起中华民族伟大复兴的历史责任和使命。

（2）应用需求是新学科建设的逻辑起点。新学科的建设离不开新知识的生产，但是在新时代，知识的生产、传播和应用都已经深刻地融入传统行业中，使得传统行业由被动式发展转变为智慧型发展。新学科建设不再是纯粹的知识逻辑，而是基于问题导向下的实际需求，建构一种以社会需要为起点的学科逻辑，组织新学科建设。具体说来，新学科建设与传统学科建设的思路不同，它以逆向反推方式，由问题和需求引领，要求高校和研究机构走上联合发展的产教融合之路。在问题中求发展，在需求中建构知识体系、组织知识原理，开展具体应用研究。如此循环创生，使新学科建设进入与社会一起发展的良性循环。

（3）新技术融合是新学科建设的内容和手段。当某一个学科建立起来以后，不会是一成不变的，它在时代的发展中不断地成长、进化、更新换代，以适应科技的进步及人们的需求。新时代，需要大学和科研院所发挥知识和技术的主导性生产能力，为社会经济政治文化的发展提供充足的智力资源，解决人类社会发展的难题，照亮人类社会前行的道路。新时代的大学需要自觉、及时、有效地把新的技术和观念整合进教学中，把技术转化成为课程和方法，通过一次又一次课程教学的革命，建设和发展新的学科体系。

（4）交叉融合、协创共生是新学科建设的生态。社会应用需求不能简单归属于某个学科，它往往是复杂多样、不断更新、横跨多个学科的。同理，新学科建设也不是单方向独立谋划和进行的，需要多元着力、异质耦合。因此，新学科建设不是新创学科，它需要精准抽象出传统相关各门学科的具体知识技术原理，合理归类、重组，形成符合新学科需求的支撑。因为不同学科的知识逻辑不尽相同，所以需要考察这些性质各异的具体学科知识在解决现实社会问题中的着力点和贡献，仔细鉴别代表新的知识发展方向的因素，形成解决问题的合力。在此过程中，传统各门学科也会在这个驱使力下，寻找自身的特色和不同学科间的交叉共生点，彼此启迪、协同共进，顺势产生新的交叉性学科，并完善基础学科，最终形成既独立发展又和合新生的新学科建设生态系统。

（5）国际文化交流与传播是新学科建设的生力扩展。新时代，新学科建设的目的，除培养中国特色社会主义事业的建设者和接班人之外，还立足本位，着眼于培养具有国际视野、服务人类命运共同体建设、承担全球发展重任的一代新人。新时代的大学需要着眼于当今世界经济政治文化全局，以我为主，鉴别吸收,建设"中国特色、世界一流"的新学科群。

7.2 应用型本科高校学科建设的主要内容

当前,我国正处于创新驱动推动高质量发展的关键时期,急需优化同新发展格局相适应的学科专业结构,培养更多适应高质量发展的创新型、应用型、创业型人才,为实施创新驱动发展战略提供坚实的教育基底和人才支撑。

对于应用型本科高校而言,学科建设不能故步自封在传统学科上,要根据国家和社会实际需求,按照分层次化人才发展的需求,找到符合自己的学科体系和人才培养路径。笔者调研了几所应用型本科高校,总结出学科发展建设存在的主要问题和重点建设内容,以供参考。

7.2.1 学科建设存在的问题

应用型本科高校以培养应用型技术技能型人才为本职使命。我国应用型本科高校多数由地方普通本科高校及行业高校转型发展而来。其中,行业高校有其固有的行业属性,在脱离部委划归地方后,很多高校不能适应地方需求,其学科建设面临的挑战更多。

1. 学科建设目标不明确,缺乏经过科学论证的总体规划

该类问题主要表现为两种倾向:一是学科无稳定的研究方向,研究基础薄弱,短视行为严重,如课题投标时不从学科建设出发,一味迎合;引进人才与学科发展方向不一致;研究生选题随意性大,与科室和导师的研究方向相去甚远;科技开发不考虑学科长远发展需要,过分追求经济效益等。二是盲目发展,学科方向贪多、无重点,最后导致力量分散,资源不能整合形成合力和整体优势。

2. 未厘清学科建设和专业建设的关系

该类问题主要表现为三种情况:一是没有充分认清学科建设的首要任务是满足于专业建设以完成人才培养。如果学科建设不以专业建设为目标,学科建设将成为空中楼阁;反之,如果专业建设不以学科建设为基础,则其专业建设将成为无本之木、无源之水。二是将学科建设的构成要素与专业建设的构成要素混淆,

角色划分不清，眉毛胡子一把抓，没有突出学科带头人的引领作用，也没有发挥专业教师的教学能力。三是对学科建设内容落实不到位，在学术梯队建设、研究设施建设、确定研究方向以产出研究成果上没有切实可行的建设方案，直接使用了就近原则，忽视了其相关的拓扑关系。

3. 未明晰学科建设的核心是解决实际问题

该类问题主要表现为三个方面：一是学科建设单纯以高校自身现有学科为主，不考虑地方应用需求，不考虑新时代下新学科发展理念，一味地降低投入成本，缺少创新；二是存在重学术建设、轻学科建设的思想，没有很好地把学科建设纳入整体的学术建设规划之中，使得学科建设无法同教学环节同步协调地开展；三是存在没有紧密结合本校优势和特色学科建设的情况，找不准学校的科研和教学发展方向，抓不住学科建设中的重点和关键环节。

4. 缺乏有效的组织保障和质量监控体系

该类问题主要表现为三个方面：一是学科建设组织机构和体制不健全、领导力量涣散，以致出现政出多门、抓而不紧、抓而未果的问题，使学科建设的预期目标难以达到；二是制度体系不完善，相关制度间不能形成互补，交叉重叠且说法不一，导致制度间、部门间不能形成联动，在具体落实工作时，出现严重的推诿、不担当现象；三是质量监控不到位，考核体系不健全，有计划无监督，工作上虎头蛇尾，没有严格的把控机制，缺少建设期的监管与服务。

5. 学术梯队建设措施不力，学科方向凝练不到位

该类问题主要表现为四个方面：一是学科带头人由于年龄老化、组织管理凝聚力不够、外联能力较弱等，不能团结团队成员劲往一处使；二是学科梯队结构不合理、方向分散、凝聚力不强，导致学术深度不够；三是学校支持不到位，负责人引资能力不强，使得学科建设乏力；四是缺少完整的近期、中期以及长期建设规划，无论从人才发展还是学科发展上，都没有前瞻性，完全是无目的的自然成长。

6. 不重视学科结构的调整和学科群的建设

该类问题主要表现为三个方面：一是历史原因导致传统学科建设的规模小而

散，结构、布局不合理，人员、仪器设备、资金等配置零乱分散，致使有限的资源不能得到合理、有效利用；二是没意识到变化和发展的关系，不能在变化中求发展，一味地按照现有的师资、设备等发展学科，本末倒置；三是跟随其他高校同学科变化来建设自己的学科，虽然经过了改革与调整，但只学了表面，没有领会到内涵。

7.2.2 学科建设的主要内容

一般来说，学科建设状态和指标是体现高校水平的重要标志，也是国内外大学排名的主要依据。学科建设主要包括学科定位、学科队伍、学科基地、科学研究、人才培养以及学科管理六项主要内容。图7-1为学科建设结构框架图。

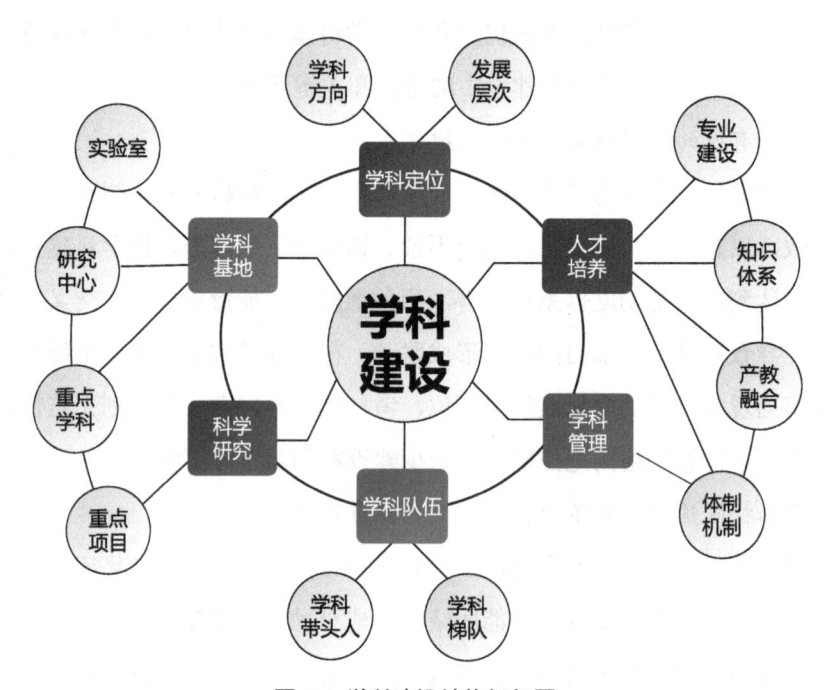

图7-1 学科建设结构框架图

1. 学科定位

学科定位也叫学科方向，是指学科在自然、人文、社会科学体系中的意义和位置，它确立了学科知识体系、理论和实践领域、学科研究规范、发展层次等。学科办学定位与学科所在领域的相关资源、社会人才需求，以及所在学校专业、师资特色、平台、科研力量等相关，它决定了学科培养什么类型的人才、怎么培养等。

2. 学科队伍

学科队伍也叫学科团队，是指高校中学科领域内的人才队伍。这个队伍应具有集中的研究方向，具备实力的学科带头人、学术带头人、学术骨干等，依托学科基地或科研项目而成长和发展。

应用型本科高校的学科队伍在满足具备一定的理论研究基础以外，均要具备较强的应用研究能力，能够解决学科范围内的实际应用问题。

3. 学科基地

学科基地是指支撑学科发展的实验室、研究中心、重点学科以及项目等，能够给学科建设提供发展平台。实验室的级别越高，代表其承载的项目越大、人才越集中，最终成果转化的可能性越大。研究中心可按照类别分为理论研究类、工程应用类，但新时代新学科建设背景下，没有纯理论的研究，所有研究都要迎合社会需求，面向市场应用。一般来说，高校在多学科综合发展前提下，根据地方应用及自身特色，会形成重点学科。按照目前学科交叉的特点，重点学科的发展会带动其他相关学科的发展，所以高校要加大重点学科建设力度，形成学科群，带动其他学科发展，进而推动整个学校发展。

4. 科学研究

高校的科学研究是以学科为基础的理论及应用研究。学科结构是否合理、优化，是否合乎当代科技发展趋势并适应国家现代化建设需要，将直接影响高校人才的培养质量和科研工作水平。对于研究型大学，科学研究集中于攻克重大项目的关键问题；对于应用型大学，科学研究集中于解决实际需求的应用瓶颈，将理论应用于实践。即使是科学研究，依然要围绕着学科方向定位人才培养类型，不能一味地为了科研而科研。

5. 人才培养

人才培养是指对人才进行教育、培训的过程，高校被赋予这个职能。被选拔的人才一般都需经过培养训练，才能成为各种职业和岗位要求的专门人才。学科是大学的核心，是人才培养的基础。学科建设和人才培养相互依存、相互促进。在处理学科和人才培养的关系时，不能狭义地割裂开来，认为学科建设是科研，人才培养是教学。对于高校的人才培养来说，要打好学科基础，需要好的平台、团队，需要创新的人才培养模式、强有力的管理措施。对于应用型本科高校，人才培养要围绕"应用性、地方性、服务性"三个要点，并在此基础上展开培养方法与模式的探究。

6.学科管理

学科管理是高校管理体制下的核心内容，也是学科建设的支撑和保障。学科管理支撑着整个学科建设的运行，包括政策、资金、平台、团队、人才等方面的管理，是整个学科建设顺利运行的润滑剂。学科管理需要有完善的学科建设制度、行之有效的管理方法和手段、充足的资金支持等，能够快速有效地解决学科建设遇到的非学术性问题，推动学科建设健康发展。

7.3 应用型本科高校学科建设策略

教育部高等教育司相关负责人介绍，到2025年，将优化调整高校20%左右学科专业布点，新设一批适应新技术、新产业、新业态、新模式的学科专业，淘汰不适应经济社会发展的学科专业，进一步提高基础学科特别是理科和基础医学本科专业点占比，并建设一批未来技术学院、现代产业学院、高水平公共卫生学院、卓越工程师学院，建成一批专业特色学院。由此可见，高等教育学科专业结构将更加合理、特色将更加突显、优化调整机制将更加完善，可形成高水平人才自主培养体系，有力支撑现代高等教育高质量发展，有助于建成高等教育强国。在这样的机遇和挑战下，应用型本科高校如何适应新时代下新学科建设要求，培养出新时代的技术技能型人才，是当下应用型本科高校必须面对和解决的关键问题。

7.3.1 学科建设策略

1. 集中力量，打造特色学科和专业

学科专业是人才培养的基础平台。特色学科又称为优势学科，是学校发展的核心竞争力。一方面，打造特色专业，就要秉承分类发展的办学思路，通过学科专业的设置、调整和优化，形成独特的学科专业集群，构建适应高校自身可持续发展的学科生态体系。另一方面，要坚定长期主义的办学定力，制定学科专业的中长期发展规划，避免出现学科专业建设政绩工程、浪费办学资源、破坏学科专业可持续发展潜力的现象。

（1）领导层要统一思想，优先集中发展特色专业，必要情况下，对一些不符合当前经济发展需要的专业可予以撤销或停办，以方便调配资源。不能以专业师资无处安排等理由，保留与时代发展不符的专业。

（2）通过优势专业的平台资源共享，推动"学科群"建设，促进教师的学术研究与产业、行业需求紧密结合，凸显学科交叉特色。

（3）高度重视学科专业的错位发展问题。不要把特色学科专业的打造工作直接划分给学科负责人，顺其自然发展；重视特色学科的相关支撑专业建设，突出专业群的学科交叉和一体化建设特色；重视相近专业之间的知识融通，从课程体系建设上凸显学科大类培养的专业特色。

（4）高度重视不同专业之间的知识点交叉，建立"知识集群"，依托学科平台打造文理交叉、新技术融入的特色产业学院，开展人才培养模式创新，凸显"专业"人才培养特色，打造学科专业的核心竞争力。

2. 重平台，抓队伍建设

教科研平台及教师队伍建设是学科建设的重要指标之一。好的平台可以吸引高水平人才，高水平人才也能提高平台的成果产出数量和质量。

（1）学科队伍建设应坚持引培并重的原则，在学科方向下，将基础人才和应用人才结合，有计划地逐步扩大教师队伍规模。

（2）综合考虑现有队伍现状与重点研究方向，以团队建设为目标进行人员补充，避免研究力量过于分散；在学科负责人的带领下，构建人才梯队，切实形

成人才的"蓄水池"和"后备军"。

（3）充分利用"学科群"的力量，做好资源共享、互利互通。领导干部要起到积极的桥梁作用，让"学科群"形成良性竞争。

（4）校领导及学科主要管理领导要积极外联，为学科团队搭建各种资源平台，为成果和人才的产出奠定基础，而不要将所有事宜全部布置给学科负责人。

（5）对于特色学科，给予优先的资源补给，没有条件就创造条件，不要以没钱、没人为借口。

3. 创新技术技能型人才培养模式

培养技术技能型人才是应用型本科高校的人才培养目标。技术技能需求来源于社会，故单靠高校教师承担人才培养的任务是不现实的。高校教师和学生都要走进社会、市场，面对需求、问题，将自己在学校学的理论知识与企业一线人员的技术经验相融合，共同完成技术技能型人才培养的任务。

（1）积极推进"高等教育、职业教育、继续教育"三教融合发展，寻找"融通"人才培养模式，搭建"融通"桥梁，培养高素质、高技能的复合型技术技能人才。

（2）完善技术、技能人才培养培训、鉴定评价、竞赛和政策激励体系，积极联合企业合作办学，共同建立培训学校或基地。

（3）建立激励机制。高校和企业均可设立高技能人才培养专项经费，并根据实际需要动态调整，主要用于高技能人才的培养、鉴定和奖励等。奖励的受众群体是教师、学生、企业一线参与教学的工人等。

（4）推行导师制，让具有双师资格的教师指导学生实践，而学生应积极参与教师的教科研项目，为毕业后入职奠定专业基础。

4. 面向服务，创建落地的产教融合路径

应用型本科高校的学科建设的重要任务之一是社会服务。高校应结合专业特色、对接社会需求、整合校内外资源，创建一条完整的产教融合发展路径。

（1）政策支持是深化产教融合的重要保障。政府、企业、高校三方根据自己在产教融合中扮演的角色，分别出台相关政策，促成产业与教育的合作，支持产业和教育的创新和发展。政策的支持要满足校企双方利益，要顾全大局，要以发展的眼光看待合作，不能只盯住眼前利益。

（2）加快教育教学改革的步伐。教育教学改革是深化产教融合的重要途径。教育教学改革需要从课程设置、教学方法、教师培训等方面入手，让教育更加贴近市场需求，以更好地培养符合市场需求的人才；必须企业全程参与，需要与产业的发展相结合，让教育更好地服务于产业发展。

（3）建立产教融合平台。产教融合平台包括产业学院、科技孵化器、培训基地、技术转移中心、合作项目等，也可以是学校与企业合作的实训基地、实验室等。在此平台基础上，产业和教育深入合作，实现资源共享、技术创新和人才培养等目标，达到持久合作、互利共赢的目的。

5. 建立科学可行的学科制度体系

坚持先进、全面、可操作性的原则，制定和完善组织制度、计划制度、资源分配制度、执行制度、检查评估制度、奖惩制度等，助力学科建设。本章 7.2.2 论述了学科建设的六个要素，每个要素都有自己的规章制度，集成后形成学科制度体系。

（1）制度要具有可行性、可操作性，能够涵盖学科建设过程中常见的问题，能够提供可靠的依据和保障。

（2）制度间要减少交叉重叠。如果制度有交叉的部分，要将涉及的部门或相关人员召集到一起，讨论、制定、修订制度。

（3）制度要具有一定的相关性、辅助性、延续性，避免出现矛盾，最大限度地覆盖学科建设过程。

学科建设之路任重而道远，优势学科的形成、学科影响力的扩大，不是一蹴而就的，必然是学科带头人、学术带头人、专业带头人、学科骨干等团队成员的苦心孤诣、辛勤耕耘所得。应用型本科高校的学科建设基础薄弱，转型发展过程中状况百出，缺人、缺钱、缺平台，方方面面无不阻碍着学科建设的发展。但是，"不积小流无以成江河，不积跬步无以至千里"，道路再难再险也要走下去，因为这是一条通向成功的正确之路。所以，高校领导和全体教师要培养严谨求实的学风，提高教科研和创新能力，为学科的建设和发展贡献力量。

7.3.2 学科建设的重点工作分析

应用型本科高校建设，是一项由教育部指导、各省教育厅引导和实施的本科高校建设的系统工程。学科建设是应用型本科高校建设和发展的核心内容，是一项基础性和导向性工作。厘清应用型本科高校学科建设的内涵、模式、路径、评价体系，对于应用型本科高校乃至整个高等教育的发展都具有十分重要的意义。研究型高校的学科建设相对成熟，但仍需要跟紧新时代发展的步伐；应用型本科高校的学科建设整体思路不够明晰，且对学科建设的认识千差万别。多数应用型本科高校开展的学科建设工作仅是套用研究型高校的工作思路，但往往因自身条件及特色，不能成功复制。所以，要做好应用型本科高校的学科建设工作，要找准关键问题，围绕关键问题组织开展相关工作。

1. 构建需求导向、错位发展的学科专业体系

当前，我国学科专业体系存在诸如办学"同质化"、学科设置"重叠化"、人才培养与需求脱节等问题。在当前新时代、新技术的发展阶段，为顺应新发展格局，亟须转变学科专业体系建设思路、优化学科专业结构，推动高等教育事业科学发展。应用型本科高校要想突出应用性、地方性、服务性及特色性，必须构建需求导向、错位发展的学科专业体系。

（1）在新发展阶段，无论是研究型、应用型、职业型高校，要突显学科及专业特色，必须对接地方需求，不能盲目复制。"同质化"没有出路，多样化才是方向，多元化的人才培养才是符合社会需求的专业体系。

（2）应用型大学要不断地彰显特色，走差异化办学路线。学校根据自身的特色学科和专业，主动对接地方企事业单位，服务地方经济社会发展，满足市场的人才需求。

（3）改造传统的优势学科专业，做精国家战略急需的学科专业。应用型本科高校在传统学科建设上很难超越研究型高校，甚至方方面面均处于劣势。所以，发展重心必须放到特色学科或者新应用类学科上。适当调整学科结构，对于原有的传统学科，根据实际招生就业情况考虑改造或停办，将资源优先放到特色

学科上，增加直接面向经济建设第一线的专业比例。

2. 构建分层、分类、多元发展的学科体系

学科建设不是按照学科所属领域独立存在的，它的建设是一个完整的科学体系。高校学科建设应以国家创新体系建设为引领，布局学科专业体系。应用型本科高校要面向地方发展、服务地方经济，针对地方经济发展的关键技术难题，构建分层、分类、多元发展的学科体系，走深度产教融合发展道路。

（1）应当将高校学科专业体系建设与国家、地方的重要战略科技和创新体系建设相融合，坚持问题导向、坚持市场主导、创新学科与专业建设模式，适应复杂多变的市场。

（2）应着眼国家近期和长远重大战略需求，布局急需学科、交叉学科，调整学科结构，并根据地方实际需求构建分层（因材施教）、分类（需求导向）、多元（复合型人才）的学科体系。

3. 构建动态可调控的学科体系

学科建设应打破传统思想，本着可建、可撤、可改的动态可调控原则，结合时代发展与社会需求，形成招生、培养、就业一体化的联动调整机制体系。目前，很多高校的学科结构已不适应知识产生的最新进展，对创新发展的支持不足，从跟踪型研究向原创型、引领型研究的转变亟待加快。

（1）面向经济社会发展需求，持续优化学科体系。根据新型工业化、农村现代化、城镇化和信息化的需要，遵循科学技术发明创造和人才成长规律，打破传统的学科壁垒，动态调整学科，支持关键领域核心技术的研发和人才培养。

（2）面向知识创新的需要，优化调整学科结构。特色领域发展较为突出的高校，要瞄准世界科学前沿和关键技术领域，优化学科布局，培育学科增长点，整合传统学科资源，强化人才培养和科技创新的学科基础，对现有学科体系和结构进行调整升级，推进新工科、新医科、新农科、新文科建设，积极回应社会对高层次人才的需求。

（3）面向创新活力和能力的需要，构筑学科动态调整机制。学科建设要从被动适应的建设形态，转变到主动引领、主动探索的形态。应用型高校包括行业特色高校，要面向区域经济，致力于产学研融通发展，培养行业尖端技术技能型人才，解决关键领域核心技术"卡脖子"难题。

4. 构建"知识集群"的"学科群"体系

知识集群是指为解决某类问题，不同学科或同一学科领域内的理论及应用知识集合集成到一起而形成的知识体系。学科群，是指为适应现代科技进步、经济建设和社会发展的需要，若干相近学科、相关学科围绕某一共同领域，以一定形式结合而成的学科群体、学科体系。学科群的构建体现了学科综合化发展的趋势。

（1）传统的学科建设使得专业向"高、精、深"发展，新时代的学科群建设使得专业向"融合、特色、应用"发展。高校建设学科群可以促进学科间的相互协作，发挥群体效应，优化学科结构，拓宽应用学科领域，促进学科融合、渗透，形成新兴的交叉学科、边缘学科，为学科保持优势和增加活力提供可持续性动力。

（2）学科群内不同的学科可以集百家之长，学习先进的方法和实践，结合自身的特色，优化学科结构，有利于创新型人才的培养。

（3）学科建设是教学、科研发展的基础。在学科群中，不同的学科交叉融合，便于形成新的学科增长点。这些学科通过不断地碰撞、融合，再进行新一轮的交叉融合，产生新的学科。

7.4 小结

在高等教育实现跨越式发展、迈入普及化的新阶段，应用型本科高校培养了大批产业急需的高素质应用型人才，已成为建设高等教育强国不可或缺的重要力量。学科建设是应用型本科高校在发展过程中的核心建设项目之一，是推进一流应用型本科高校和一流应用型学科专业建设的基础。

本章围绕应用型本科高校学科建设，重点研究了如下内容。

（1）阐述了学科建设基本内涵，明确了学科建设的总指导思想和工作原则，并在总指导思想下提出了具体的学科建设思想。

（2）根据应用型本科高校"应用性""地方性""服务性""特色性"等特点，提出了应用型本科高校学科建设结构，并对其包含的内容进行了详细解读。

（3）分析了学科建设上存在的学科建设目标不明确、未厘清学科建设和专业建设的关系、未明晰学科建设的核心问题、缺乏有效的组织保障和质量监控体系、学术梯队建设措施不力、学科方向不明、学科群建设乏力等问题，并针对这些问题提出了学科建设应对策略。

第8章 新建地方应用型本科高校课程建设

任何教育模式和教学方法的效果最终取决于课程的建设和实施过程。广义的课程是指学校为实现培养目标而选择的教育内容及其进程的总和，它包括学校教师所教授的各门学科和有目的、有计划的教育活动。狭义的课程是指某一门学科。本章讨论广义上的课程，在此基础上详细阐述课程建设的指导思想、目标、要求、任务等相关内容。

8.1 课程建设的基本内涵

课程建设的主要任务是优化课程结构和提高课程教学质量。课程建设包括的内容是课程模式和教学模式建设。按照课程功能，可将课程分为基础性课程、拓展性课程、选择性课程和综合性课程；按照课程层次构成分类，可将课程分为公共基础课程、专业基础课程、专业核心课程、专业选修课程、综合实训课程、实习实训课程。图 8-1 为应用型本科高校课程体系框架。

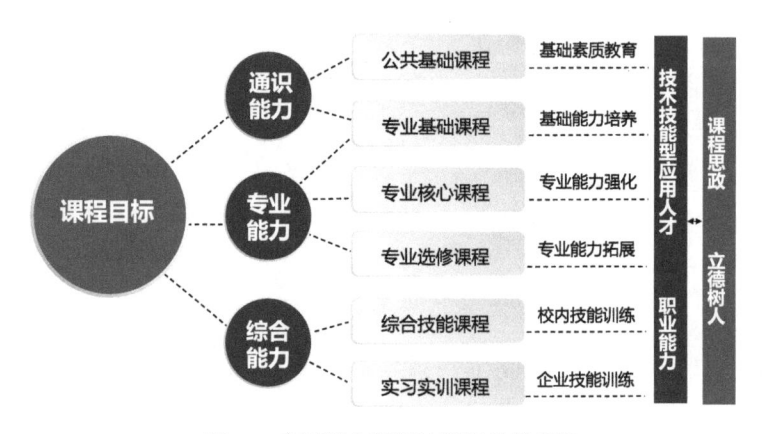

图 8-1 应用型本科高校课程体系框架

8.1.1 课程建设理念

学校的办学定位不同，课程的建设理念也就不同。目前，我国高校类型主要有三种：学术研究型、专业应用型、职业技能型。除了学术研究型，后两者都可划分归属为应用型高校类型，其中职业技能型为职业类高校，偏重于技能应用；专业应用型为普通本科高校，偏重于技术应用。不同性质的高校办学定位差异较大，进而形成了不同的办学理念，具体会体现在课程建设上。

应用型本科高校课程建设理念可详细分解为如下五个方面。

（1）以职业岗位为标准，设置课程内容、教材选用、师资配备、实验实训、考核评价等相关事宜。

（2）专业基础能力以校内培养为主，专业技能拓展以校外（企业、基地等实习实训场所）培养为主。

（3）整合规划课程资源，构建课程群，支撑专业特色发展。

（4）创新项目、任务式教学方式，对标实际技术需求、工程认证标准，充分利用交叉学科的教学与实践资源，服务地方经济发展。

（5）以"立德树人"为教育根本，构建全员、全程、全课程育人格局的形式，将各类专业课程与思想政治理论课同向同行。

8.1.2 课程建设目标

课程建设目标应依据人才培养方案，对课程内容、任务要求、能力培养等方面进行具体阐述，且不仅仅作用于单门课程，整个课程群都要遵循课程建设总目标，要确认课程群内课程间的联系，构建课程体系。

1. 课程建设总目标

以课程及课程群的职业标准为导向，以现代信息技术为手段，以课程知识模块为教学单元，以"双师型"教师为主导的教学团队，以课程思政建设贯穿教学始终，教学内容紧跟新理论、新方法、新技术的发展，立足于为地方经济发展服务，加强产教融合，构建完善的实践课程教学体系。

2.课程建设具体目标

（1）理论、知识目标

第一，理解课程的基本原理、组成、基本概念和主要功能。

第二，掌握课程的逻辑和物理处理方法。

第三，熟练掌握具体实践训练项目的基本流程、操作、配置、应用等。

（2）能力目标

专业能力：熟练掌握专业要求的基本知识结构及内容。

计算能力：能够解决一些简单的应用问题。

分析能力：能够用课程知识点方法解决实际问题。

自学能力：能够对所学知识进行整理、概括、消化吸收、自我扩充。

职业能力：具备对课程、课程群对应的职业岗位的认知，能够明确和掌握职业岗位需要的知识结构和能力。

创新创业能力：善于思考和独立解决问题。

（3）素质目标

第一，具备辩证思维的能力。

第二，具有热爱科学、实事求是的学风和创新意识、创新精神。

第三，加强职业道德意识。

第四，知行合一，树立正确的人生观、价值观。

8.1.3 课程建设的基本要求

课程建设的总要求：夯实基础知识，强化应用实践，对接地方服务，符合职业标准。

课程建设的具体要求如下。

（1）教学团队结构合理、专业够硬。教学团队应具有较高的思想素质，坚持教书育人、为人师表；课程的骨干教师一般应具有讲师以上职称，能胜任本课程的全部教学环节，教学效果好、学术水平较高，有专业相关的教科研成果。

（2）教学内容合理、教学设计新颖；文档完备、合理、适用。教学大纲、实验大纲、考试大纲、教案或讲稿、成绩标准等档案完整齐全，文档标准统一，内容符合培养方案要求。

（3）有一套行之有效的教学方法。教学上要克服满堂灌和注入式的教学方法，积极推进研究式启发性的教学法，注重开发学生的智能，培养学生的实践能力；正确处理好传授知识与培养能力的关系、理论与实践的关系、课程知识结构与专业培养目标的关系；要科学、妥善地安排好各个教学环节，处理好各教学环节之间的关系。

（4）有与强化能力培养相适应的较完备的实验、实习、实训条件。实验手段和实习、实训场所是学生能力培养的必备条件，要根据课程的实际情况和教学大纲要求，积极创造完善的实验条件和稳定的实习实训场所，努力提高实验开出率和实习实训效果，逐步增加设计性实验开出率，为学生提供更多培养实践能力的机会。

（5）教材选用适当。教材的理论与实践比例、内容符合课程大纲要求，同一学科或专业方向内的教材要具有相关性，同一业务流程上的项目要完整，实践项目的选取符合实际技术需求。

（6）有一套科学、规范、严格的考核评价体系。通过课程建设，形成一套具有课程特色的、科学规范的教师和学生考核制度，实行教考分离，推进题库建设；重视试卷和成绩分析，使考试成为改进教学、提高质量的重要手段；改革考试方法，坚持主观性试题与客观性试题结合，增加实践创新能力考核在学生成绩评定中的比重；改进教学质量考核办法，让教师能力在考核评价中得以提升。

（7）打造专业课程群，迎合实际产业技术需求。充分调研市场人才需求，对专业课程进行整合和优化，打造在内容上密切相关、相承、渗透、互补的课程群，培养学生分析、解决问题的整体能力。

（8）坚持将课程思政建设贯穿始终。课程思政体系建设要紧扣党的理论和实践创新，把习近平新时代中国特色社会主义思想的核心要义、精神实质、丰富内涵、基本观点、实践要求融入专业基础课程与专业核心课程，坚持显性教育和隐性教育相统一，挖掘其他课程和教学方式中蕴含的思想政治教育资源，实现全员全程全方位育人。本章将在 8.3 节对课程思政建设进行单独分析与研究。

8.2 课程建设的主要内容

8.2.1 教师队伍建设

教师是课堂教学第一责任人，教师的师德师风、政治理论修养、学术能力、沟通表达能力、教学经验等，无一不在课堂上潜移默化地影响着学生。所以，一支具有严谨的师德师风、较高的政治觉悟和学术造诣、较强的沟通表达能力以及丰富的教学经验的教师团队，是课程及课程群建设的重要基础。课程及课程群的教师队伍建设的具体内容如下。

（1）不断调整完善教师的年龄结构和知识结构，并根据课程需要配备实践辅导教师；鼓励有教学管理背景和丰富实践经验的教师参与教学团队。

（2）以课程组为单位，围绕课程建设内容，定期开展师资培训，建立课程组讨论例会制度，定期开展学习交流活动。

（3）将党员政治理论学习扩展到课程组教师队伍，重点学习习近平总书记关于高等教育的论述。

8.2.2 教学内容建设

根据应用型本科高校的办学定位，设计符合科学性、先进性的教学理念。根据人才培养目标，设计和动态调整课程内容。合理处理经典理论与现代科技发展的关系，把学科最新发展成果和教改教研成果引入教学；在传统理论教学基础上，加大实践课程教学内容的比例，培养学生的实践能力和创新能力；在教学实践中，有意识地融知识传授、能力培养、素质教育于一体；鼓励学生开展相关实习、社会调查及其他实践活动；合理设计学生的实践教学环节，规范实践教学的基本要求，重视实践教学成果的检验。课程及课程群的教学内容建设的具体内容如下。

（1）对于理论性知识点，按照职业能力需求，以新技术、新方法为导向，打散、重组知识内容，形成新的知识模块。

（2）加强理论和实践之间的联系。若理论课和实践课不是同一位教师授课，则两位教师一定要多沟通和交流，互相说明授课内容所对应的课程能力目标。

（3）深度挖掘课程知识点背后的应用元素。通过各类应用案例的讲解与分析，加深学生对理论知识的理解。案例的选取优先考虑学校内部特色专业的具体应用。

（4）对于涉及新技术、新方法的知识点，重点挖掘思政元素，利用中国传统文化和唯物主义辩证法，对学生进行爱国主义和辩证思维教育。

（5）通过学习、观摩和讨论等方式活跃课堂教学，丰富教改内容，提升课堂教学质量。

8.2.3 教学条件建设

教学条件总体可分为硬件条件和软件条件，两种条件共同决定了课程的教学质量。教学条件的形式是多样化的，而目前谈论最多的当数实习实训基地建设。基地相当于一个缩小版的学校，人才、平台、制度、管理等样样俱全。本书第5章详细论述了基地建设相关内容，这里不再赘述。高校应结合课程的特点，密切联系校内外实习实训基地，并统筹规划基地课程教学，提升学生技术技能。课程及课程群的教学条件建设的具体内容如下。

（1）针对生产实践中出现的问题开展开放式教学。抛开传统教学中一位教师一讲到底的授课方式，将授课方式调整成开放式教学，鼓励团队其他教师、授课对象、相关内容涉及的企业一线技术人员等参与教学，即谁能谁讲，形成良好的学习讨论氛围。

（2）充分利用现代网络技术提供的知识传输的便利，搭建课程网络平台，丰富教学资源、优化平台功能，为学生自主学习提供便利条件。对于操作过程相对复杂的项目，可将授课过程录制下来，发布到学生的学习平台上，也鼓励学生将自己的操作过程录制下来进行分享，提升学生学习的成就感和自信心。

（3）完整项目融入教学。将实际项目完整地融入教学，保证项目模块间的连通性，明确知识点的转换和应用，使学生了解所学知识如何应用于实践，所应用的实践片段和整体项目之间是什么样的关系。

（4）不具备基地条件的学科和专业，在校内课程实验条件下，尽可能选取当前主流技术应用案例，不能用技术落后的项目充当实验内容。如果条件许可，可聘请一线技术人员来校指导实践教学。

8.2.4 教学方法建设

目前，所有高校在教学方法和教学评价上均体现出以学生为主体的教育理念，并能够运用案例式教学、讨论式教学、情景式教学等多种恰当的教学方法开展教学。正确的教学方法理论上能够有效调动学生学习的积极性，引导学生积极思考、乐于实践，提高学生自主学习效果，促进学生学习能力的发展。但实际操作中，教学环境、师资能力、学生特点等各种各样的因素不同，使得在同样的教学方法下，体现出来的教学效果不尽相同。课程及课程群的教学方法建设的具体内容如下。

（1）充分地使用现代教育技术手段开展教学。对于操作过程比较重要或复杂的课程，课件尽量使用动画元素演示操作过程，激发学生学习兴趣并提高教学效果。在教学中，可以适当融入幽默元素，活跃课堂气氛。

（2）翻转课堂与互动教学的应用。任课教师可以根据自身教学特点和能力，采取必要的互动形式完成教学。对于方案设计类的课程，可充分利用翻转课堂方式，指导学生自主探究，提升学生的创新能力。

（3）线上与线下混合模式的应用。线上线下混合模式教学不是一种研究或者探索，而是必然会全面实施的一种教学方式。所有高校教师必须适应并能够有效完成设计，在平台上进行学习资源的共享、问题的讨论与解答，甚至是与学生的亲密互动。

（4）分层教学、因材施教。对同一个教师、教室的学生，如何有效开展分层教学是教学改革方法中的难题。在课堂上，分层教学要配合分组教学一同开展。例如在作业布置及问题讨论时，针对不同水平的学生，给予不同的任务和要求。分层教学需要任课教师在课程的设计上投入更多的精力，设计出不同的案例分析、实践项目等内容，以匹配不同能力的学生。

8.2.5 课程教材建设

目前，高校在教材选用上均要求优先选用国家优秀教材、国外高水平原版教材，并鼓励选用高水平的自编教材。但是，随着大学教材的使用变成学生自由选订以后，教材的选订量不理想。学生上课没教材，听课及考核效果也不理想。学生不订教材并不是经济压力，归根结底还是教材选择得不适合，学生宁可选择看电子书，或者买几本辅导书。所以，教材建设是课程建设环节中比较困难的一项，需要过程的积累，短期建设不容易改变现状。课程及课程群的教材建设的主要内容如下。

（1）课程组教师在任课过程中不断积累案例、习题等相关资料内容，形成内部讲义。内部讲义经过几轮的教学，再结合学校的特色，同时吸纳新技术、新方法，不断丰富内容，最终出版成正式教材。

（2）积极参与校企合作开发教材。教材中要使用当前主流技术下的应用案例，而不是理论条件下自编的案例。教材的内容要科学、先进、规范，能够与时俱进，符合当前技术需求。

（3）及时调整理论知识的广度和深度，根据当前技术规格需求，动态调整理论知识的难度，使得理论与实践相匹配。

8.2.6 教学效果评价

教学评价是在广泛搜集各种信息的基础上，对教学活动（包括过程及其结果）进行价值判断，为教学决策提供依据，从而实现对教学活动的调控，以达到预期教学目标的过程。教学评价是教学控制的必要环节，是教学改革和创新的依据。目前，高校教学评价多采取学生评价、教师互评、领导评价相结合的方式，一定程度上反映了教学效果。但出现的问题依然很多，比如：不留作业、管理不严格的教师获得的学生的评价高，平时笑呵呵、不得罪人的教师得到的同事的评价高；反之，教学管理严格、工作客观性较强的教师往往得不到较高的评价。这样的结果严重影响了教学改革的进程，严重的会导致错误的决策。所以，制定出综合性较强的教学评价是推动课程建设发展的必要手段。课程及课程群的教学评价的主要内容如下。

（1）完善评价体系，注重过程管理。将课堂效果、实践教学、线上线下混合教学、过程考核、期末考核等内容结合起来，从教学态度、教学能力、教学结果等多方面进行评价，建立完整的课程考核评价体系。

（2）组建专业的考核评价小组。考核评价小组须避开校、院的领导，可以由已经退休的优秀教师、高职称教师、一线的中青年骨干教师混合组成，且给予考核评价小组一定的待遇，将考核评价当成一项重要的工作来完成。

（3）考核评价结果要反馈到教师个人，允许教师质疑。任何方式的评价都应该将结果反馈给教师，而不是管理方直接公布结果，甚至只公布优秀结果。有反馈才能知道哪些地方需要改进，才会催生出创新的教学方法。如果考核评价公示结果受到质疑，要正确对待并给出处理办法和流程，不能每次都当成个案处理。

8.2.7 课程群建设

课程群是我国高等教育大力提倡的一种课程建设模式，具有综合性强、整体性高，能够较大幅度地提高某课程教学质量和学生专业水平，在工科高等教育中效果尤其显著。课程群建设的主要内容如下。

（1）根据岗位能力目标要求，按照课程群、岗位能力和知识点三个层次来确定课程群知识，并将其加工成可用知识资源池。

（2）利用知识库管理工具，根据教师的教学设计思想，对可用知识资源池中的知识资源进行筛选，逐步建立课程群知识库。

（3）根据教学目标要求，为学生提供所需的课程群知识资源，进而分解成课程资源。

（4）利用学习设计解析工具或教师自己的设计方法，完成相应的具体学习活动，以实现教学目标。

8.3 课程思政建设

思想政治工作是学校各项工作的生命线。习近平总书记强调："要坚持把立德树人作为中心环节，把思想政治工作贯穿教育教学全过程，实现全程育人、全方位育人，努力开创我国高等教育事业发展新局面。"

课程思政指以构建全员、全程、全方位育人格局的形式，将各类专业课程与思想政治理论课同向同行，形成协同效应，把"立德树人"作为教育根本任务的一种综合教育理念。

2020年5月,教育部印发《高等学校课程思政建设指导纲要》(以下简称《纲要》)。《纲要》明确了课程思政建设的总体目标和重点内容,提出课程思政建设要在所有高校、所有学科专业全面推进,围绕政治认同、家国情怀、文化素养、宪法法治意识、道德修养等重点优化课程思政内容供给,提升教师开展课程思政建设的意识和能力,系统进行中国特色社会主义和中国梦教育、社会主义核心价值观教育、法治教育、劳动教育、心理健康教育、中华优秀传统文化教育,坚定学生理想信念,切实提升立德树人的成效。

"课程思政"教育理念的提出使得思想政治课的育人模式得到了有效发挥,但在具体的"思政"教学实践过程中,"课程思政"的教育理念并不能单独运用,必须依托思想政治课程这一载体,结合专业学习内容,发挥出"思政"要素的教育价值。

8.3.1 课程思政建设目标

《纲要》明确了课程思政建设的总体目标,高校要在总目标的指导下,制定具体措施,落实立德树人的根本任务。具体目标可分解如下。

(1)形成课程思政理念的共识,全面提升广大教师开展课程思政建设的意识和能力。明确为谁培养人、培养什么人、怎样培养人的根本问题。全面推进课程思政建设,将价值塑造、知识传授和能力培养三者融为一体,帮助学生塑造正确的世界观、人生观、价值观。

(2)使各类学科和专业课程与思政课程同向同行,让"学习"和"德行"同步,将显性教育和隐性教育相统一,形成协同效应,构建全员全程全方位育人大格局。

(3)要紧紧围绕国家和区域发展需求,结合学校发展定位和人才培养目标,构建全面覆盖、类型丰富、层次递进、相互支撑的课程思政体系。专业课程是课程思政建设的基本载体。要全面梳理专业课教学内容,结合不同课程特点、思维方法和价值理念,深入挖掘课程思政元素,并将其有机融入课程教学,达到润物无声的育人效果。

8.3.2 课程思政建设内容

课程思政建设内容要紧紧围绕坚定学生理想信念，以爱党、爱国、爱社会主义、爱人民、爱集体为主线，培养具有较高的政治认同、浓厚的家国情怀、深厚的文化素养、严谨的宪法法治意识、高尚的道德修养的，有理想、有道德、有文化、有纪律的"四有"新人。图 8-2 为课程思政教育内容框架。

图 8-2 课程思政教育内容框架

（1）理念共识。为谁培养人、培养什么人、怎样培养人是教育的根本问题，而"立德树人"成效是检验高校一切工作的根本标准。高校在确定办学定位之前，首先要做到思想统一、达成理念共识。应用型本科高校要明确培养的是应用技术型人才，要紧跟地方服务需求，产教深度融合，为党育人、为国育才。

（2）家国情怀。推进习近平新时代中国特色社会主义思想进教材进课堂进头脑，紧紧围绕坚定学生理想信念，以爱党、爱国、爱社会主义、爱人民、爱集体为主线，增强"四个意识"、坚定"四个自信"、做到"两个维护"，在整个教育过程中，系统进行中国特色社会主义、中国梦和社会主义核心价值观教育。

（3）文法道德。教育引导学生用传统文化和专业知识、全面依法治国新理念新思想新战略、职业理想与道德，全面武装自己的头脑，学会运用法治思维和法治方式维护自身权利，具备化解矛盾纠纷的意识和能力、开拓创新的职业品格和行为习惯。

（4）传统文化。大力弘扬以爱国主义为核心的民族精神和以改革创新为核心的时代精神，教育引导学生深刻理解中华优秀传统文化中讲仁爱、重民本、守诚信、崇正义、尚和合、求大同的思想精华和时代价值，教育引导学生传承中华文脉，富有中国心、饱含中国情、充满中国味，在学习和生活中践行"知行合一"。

（5）心理健康。运用现代化的教学方法，培养学生积极乐观的心理，从而培养学生良好的心理调节能力和适应能力，促进学生身心全面发展；重点关注学生自我认知、自我养成、心理素质与情感观念、社会意识、人际沟通及三观建立等诸多方面的内容，培养学生积极乐观的生活态度和上下求索的精神追求。

（6）劳动教育。把知识传授和劳动价值观教育融合起来，让劳动价值观充分融于学生的知识体系。重点围绕生命价值教育、理想信念教育、人生价值教育、工匠精神教育帮助大学生塑造出科学的劳动价值观，为他们的职业生涯发展带来思想保障。

8.3.3 课程思政建设主要问题

课程思政作为大学教育中不可或缺的一部分，旨在培养学生的综合素养，引导学生全面发展。随着社会的发展和时代的变迁，课程思政建设也应不断优化与改进。然而，理想和现实总是存在一定的差距，在课程思政建设的过程中，存在一些普遍性问题，本节将探讨并提出相应的应对策略。

（1）专业教师理论基础薄弱。课程思政建设的理论基础是马克思主义的基本原理和中国特色社会主义理论体系，同时融入中华优秀传统文化、道德法治、心理健康、劳动教育等内容。目前，高校非马克思主义理论学科的教师对思政课程或课程思政的理论基础知识掌握不够，弄不清楚思政课程和课程思政的关系，不知道如何将专业内容与思政元素融合起来，尤其是部分在国外接受过高等教育的教师，对中国文化融入专业教学不甚了解。这些问题直接导致课程建设目标无法达成。

（2）专业教育与思政教育严重脱节，"两张皮"现象严重。落实"立德树人"根本任务，必须将价值塑造、知识传授和能力培养三者融为一体，不可割裂。高校中有相当一部分数量的教师，在专业课程中偶尔念几句习近平总书记的讲话内容、几句名人名言，不引申、不联系实际，看不到时代性、先进性，也看不到生活化、实例化，只是为了完成思政任务而进行所谓的"课程思政"，这完全违背了课程思政建设的理念。

（3）思政元素的选取过于陈旧、单一。有的教师认为，课程大纲没有变、课程内容没有变，思政元素也不需要改变；有的教师认为，绞尽脑汁地将思政元素和课程联系起来了，不能轻易改变。有这种想法的教师仍然将思政元素看作独立的教学因素考虑，而没有结合专业，没有结合新时代、新技术、新方法以及当前社会对人才的需求条件，违背了课程建设理念和目标。

（4）教师的课程思政教学方式单一，缺少团队意识。即使在专业课程中融入了思政元素，教师的教学方式也依然倾向于知识点的讲解和阐述，未有学生参与思政元素的讨论与选取；不同专业组或者课程组的教师缺少交流，独自一人完成课程思政建设任务；忽略了以学生为主体的教学理念，使得学生在课堂上缺乏足够的参与和思考，进而不能体会到思政元素更深层次的含义。一些理想信念、理论知识和价值理念等内容是需要共同学习和讨论才能领略其精髓的。

（5）思政元素构不成模块，与专业课程未形成课程体系。与专业课程内容相比，思政元素内容占比较低，常常被作为独立元素插入专业课程模块的某个知识点当中，并没有将所有思政元素链接到一起构成思政元素模块。由于思政元素没有构成模块，所以在与专业模块融合的过程中，无法做到潜移默化，相互促进，不能形成完整的课程体系。

8.3.4 课程思政建设主要策略

课程思政建设不仅要在宏观制度和体系上进行全面深化改革，还要做好各个环节的交互连接，把工作落到实处并在细微之处下功夫。课程思政建设不但要在理念上纠正偏差、机制上补齐短板、联动制度上填补漏洞，还要在实施上讲究方法、内容上覆盖全面。

（1）树立科学、正确的立德树人意识，加强教师的思政理论基础教育培训。在学校党委统一领导下，明确人才培养定位中素质教育目标和内容，彻底弄清楚

"为谁培养人、培养什么人、怎样培养人"的根本问题，充分利用学校马克思主义学院教师资源，对非马克思主义理论学科思政课教师进行专业培训，开展全校性、学院性、学科性、专业性等多层次与立体化的理论培训体系，提高思政理论基础和核心素养。在课程教学中，思政课教师要发挥带动引领作用，通过加强与专业课程教师的交流沟通，帮助他们解决思想困惑，指导他们快速掌握思想政治教育最基本、最核心的内容，尤其是关于政治理论素养的内容，使他们坚定正确的政治方向，有效提升思想政治教育理论素养。要让专业课程教师与思政课教师同向同行。同时，贯彻落实党的教育方针，坚持以学生为中心的教育思想，注重培养学生的社会责任感和创新精神，使其成为具有高度社会责任感和创新精神的人才。

（2）分工协作，互相支撑，充分发挥课程主渠道在高校思想政治工作中的作用，使各类课程与思想政治理论课程同向同行。什么是课程思政，什么是思政元素，如何将思政元素融入课程讲授中，如何平衡专业知识与思政元素在课程中的比例，这些都是课程思政建设的核心问题。分工协作是人类提高生产效率的手段，互相支撑是同向同行育人的核心和关键。专业课程与思政课程能够形成分工协作育人联动机制，其根本在于，这两类看似不同的课程目标具有自然的协作基础。思政课程与专业课程在人才培养总目标上具有高度的一致性。因此，构建专业课程与思政课程分工协作育人联动机制，符合立德树人理念的要求。特别要强调的是，努力建设好课程思政的目的不是削弱思政课程，也不是用课程思政去取代思政课程，而是从更高的层次上进一步深化思政课程的主导地位和重大作用。对于课程思政与思政课程，必须明确二者谁占主导地位，谁处于从属地位。当然，思政课程的这个主导地位不是去主导其他课程，而是要求在思想政治教育过程中要凸显出思政课程的核心地位。

（3）寓德于课、人文立课、价值引领，构建健全的高等教育。课程思政是在课程教学中挖掘"人文素养"元素，其中重要的是人文精神，即对人类生存意义和价值的关怀。事实上，每一门课程都可以成为课程思政建设的载体，只是难易程度有所区别。每一门课程的教学从根本上来说都是一种教育，都是进行教书、育人，其本身就蕴含了人文精神，只是不同课程的性质导致其不同程度地内隐化了这种精神。任课教师在教学过程中应注意挖掘人文素养，使教学知识内涵更加丰富、知识教育更富情趣、能力培养更趋务实，把知识教育、理想信念教育、道德品格教育有机结合起来，充分发掘各类课程的思想政治教育元素，进而深化对课程思政的认识和理解，把对人本身的关怀融入每一门课程的教学之中，让所有课程真正承载育人的功能，切切实实"种好责任田"。

（4）学科教师或专业教师团结协作，构建思政元素资源库和思政能力模块。课程思政建设不是一门课程、一位教师的成果，而是一类课程、一个教师团队的成果。对于任何一个学科而言，学科下的专业、专业下的课程都具有同向性，这种同向性可体现在专业能力培养、人才就业等方面。思政元素对传统学科具有普适性。对于高校教师而言，在进行课程思政建设过程中，要充分利用普适性特点，由课程组团队或专业团队共同构建思政元素资源池，并将资源池中的元素连成多条能量链路，成为不同职业领域的基础通用能力。

（5）以点带面、逐步推进，构建有方向、有层次的课程思政体系。课程思政的建设涉及不同学校、学科、专业、课程和教师，甚至涉及地方风俗习惯等，因此课程建设不能一气呵成，要具体问题具体分析，结合各个学校、学科、专业、课程、教师的特点和地方需求等实际情况，有步骤、有计划地开展课程思政建设。高校可以选取一个学院、一个专业、一类课程配备的相关教师来进行示范建设，以点带面，逐步推进，形成成果可固化、经验可推广的课程思政品牌，然后稳步推进，全面推开。

8.4 小结

课程是教育和教学的核心，课程建设是高校教学工作的重点，是高校实现内涵式发展的基本载体。应用型高校课程建设是教育转型发展的立足点，是提高应用型高校人才培养质量的关键点，应围绕应用型课程建设目标、基本要求与任务、主要内容等方面，进行总体规划、详细设计和具体实施，确保课程建设工作的顺利开展。

本章围绕应用型本科高校课程建设，重点研究内容如下。

（1）阐述了课程建设的基本内涵，包括课程建设理念、建设目标和基本要求。

（2）总结了课程建设的七个主要内容，包括教学队伍、教学内容、教学条件、教学方法、教材、教学效果以及课程群建设，详细分析了课程建设七项主要内容的具体建设实施点。

（3）解读了课程思政建设实质，包括建设目标、内容、主要问题以及主要策略。针对课程思政建设中常见的理论基础薄弱、专业教育与思政教育严重脱节、思政元素的选取过于陈旧、教师的课程思政教学方式单一、思政元素不能形成模块体系等问题，提出了应对策略。

第9章 新建地方应用型本科高校创新创业发展

党的二十大报告强调,"深入实施科教兴国战略、人才强国战略、创新驱动发展战略","培育创新文化,弘扬科学家精神,涵养优良学风,营造创新氛围",纵深推进大众创业、万众创新是深入实施创新驱动发展战略的重要支撑。青年学生富有想象力和创造力,是创新创业的生力军,开展好面向青年学生的创新创业教育,助力其全面融入创新创业实践具有重要意义。

创新创业(以下简称"双创")是指基于技术创新、产品创新、品牌创新、服务创新、商业模式创新、管理创新、组织创新、市场创新、渠道创新等方面的某一点或几点创新而进行的创业活动。创新是"双创"的特质,创业是"双创"的目标。"双创"是基于创新基础上的创业活动,既不同于单纯的创新,也不同于单纯的创业。创新强调的是开拓性与原创性,而创业强调的是通过实际行动获取利益的行为。

"双创"在高校中定位在"双创"教育上,而这种教育是一种开放式的素质教育,目的在于培养"双创"的全面发展人才。在20世纪早期,国外就开展了"双创"教育,纷纷将其作为高等教育体系中优先支持和着力发展的领域,例如美国、日本和德国等已经形成了完整的课程体系,内容涵盖了多种学科领域。

我国在20世纪90年代开始提出"双创"教育,经过了20多年,其已经从探索阶段过渡到了发展阶段。清华大学、复旦大学、武汉大学等国内知名大学将"双创"教育推到了实践领域,以竞赛为载体,进行"双创"实践探索,取得了较好的效果。近些年,各省市教育部门及各大高校均纷纷采取各种手段和方法,提高学生"双创"能力,努力将高等学校"双创"教育科学化、规范化、制度化。

新建地方应用型本科高校技术和理论能力有限,学生在专业知识和技能的学习以外,极少数人能完成有关"双创"的学习任务。所以,新建地方应用型本科高校的"双创"教育发展较慢，更多流于形式。对于处于转型发展阶段的应用型本科高校而言，产教融合、校企合作是人才培养的必要途径，而在这个途径中，"服务"能力是关键。服务谁、如何服务？"双创"教育能够给出答案。

高校"双创"教育可以让学生明白理论如何联系实际，知识如何服务地方。同时，地方高校不断转变人才培养观念，调整人才培养策略，在"双创"教育中通过将相关教学内容纳入人才培养计划、开展丰富的"双创"实践活动，构建富有生机活力的"双创"教育体系。学校和教师都应该以"专创融合"为契机，抓住各类赛事机会，做好学生的培养工作，提升人才培养质量。

9.1 创新创业教育内涵

9.1.1 创新创业教育目标

根据教育部、国家发展改革委、财政部《关于引导部分地方普通本科高校向应用型转变的指导意见》，新建地方应用型本科高校的建设任务之一是将"双创"教育融入专业教学体系，实现"双创"目标在素质教育、专业课程、教学评价等方面的有效融合。此指导意见强调了大学生"双创"的重要性，高校需要建立健全大学生"双创"教育体系，大力推动和促进"双创"活动开展。

专业教育是人才培养的基本途径，"双创"教育是人才培养的延伸途径、专业教育的重要补充。只有推动"双创"教育与专业教育更加紧密结合，让学生在"双创"教育中巩固专业知识，在专业教育中提高"双创"能力，才能为经济社会发展培养大批高素质人才。高校推进教育目标融合，将创新精神、创业能力的培养纳入专业教育目标体系，作为专业人才培养的评价标准之一；实现教育课程体系的有机融合，尤其是对专业课程体系进行升级改造，在专业课程中融入"双创"最新的理论、技术以及实践等内容。此外，"双创"教育要注重教学方式融合，比如丰富实践教学方法，支持学生以科技创新成果、创业项目及大赛等形式申请学分。

"双创"教育在多数应用型本科高校中正处于摸索阶段，在这个阶段必须明确目标，建立规范的"双创"教育体系，设置标准的"双创"教育课程，开展"双创"应用实践项目。本节从三个维度、三个角色、三个形式来定位"双创"教育的目标。图 9-1 为创新创业教育三维结构图。

三维目标包括知识和能力、过程和方法、情感态度和价值观。这个三维目标在传统教育中比较容易理解，但是在"双创"教育中却有不同的解释。

图 9-1 创新创业教育三维结构图

（1）知识和能力是大学生必须掌握的学科基本能力，包括信息处理分析能力、创新与实践能力、学习能力等。在传统教育中，创新与实践体现为学科理论与应用的延展。在应用型本科高校的"双创"教育中，将"创新"提升了一个高度。这个高度不是理论方面的高度，而是技术与应用方面的高度；这个高度需要多角色配合、多形式表现，是在大量实际训练的过程中提升的高度。

（2）过程和方法是适应学习及工作环境的方法和手段。应用型本科高校的教学是围绕"应用"而展开的，因此学生的学习环境要以"应用"为核心来配置，例如校企合作基地、项目孵化器等；学生的学习方法和手段要能够迎合应用需求，最好能够与一线业务或技术流程相匹配。所以，产教融合是比较好的选择。

（3）情感态度与价值观是指学生的学习、生活态度以及科学的价值观。这一维度的目标在任何类型的高校中都占主体位置。高校教师要保持良好的师德师风，坚持以人为本的多元化教学模式，进而完成符合价值目标的教学工作。

三个角色是指国家、学校和大学生个人，三者要共同推进"双创"教育发展。

（1）对国家来说，"双创"是支持经济高质量发展的重要动力，有利于增加社会投资，创造更多就业机会和财富，并且带动其他相关产业发展。在当前形势下，国家对"双创"教育投入了较多的资源，给予了较大的操作空间。如果政策上能够持续发力，行业企业群的参与度可以不断提高，教育效果会更好。

（2）对学校来说，"双创"教育有利于探索顺应时代需求的教学方式，高校对大学生的培养要适应新时代要求，要在国家创新人才培养方针的指导下，通过优秀的师资、完善的学习环境、灵活多样的实战项目等多种形式，增加学生实践的机会和比例，为学生迈入社会扎稳第一步，为国家培养各类所需人才。

（3）对学生来说，"双创"是机遇和挑战，是发挥主观能动性的重要表现。应用型本科高校的大学生应发挥应用技术的强项，根据自己的学科和能力，在学校提供的条件下，选择合适的应用发力点，提出创新想法并付诸实践。

三种形式是用班杜拉的交互决定论思想定义了"双创"教育的三种表现形式，分别是：创新创业教育、创新创业组织、创新创业活动。围绕这三个具有交互性的决定因素，集合社会资源、政府资源，最终形成一定的整体效果。

（1）"双创"教育是一种开放式的素质教育和实用教育。它以培养具有创业基本素质和创新性的人才为目标，不仅仅是以培育在校学生的创业意识、创新精神、创业能力为主的教育，要面向全社会，针对那些打算创业、已经创业、成功创业的创业群体，分阶段分层次地进行创新思维培养和创业能力锻炼。

（2）"双创"组织是"双创"活动的依托。高校"双创"组织的形式主要有三种：独立模式、依托模式和协作模式。其中，独立模式为学校单独成立相关的组织机构，负责相应事务；依托模式为依托某个校内、校外的组织机构；协作模式占比较高，通常是校内、校外的多实体单位联动合作。

（3）"双创"活动是由"双创"组织机构发起，根据办学定位和培养目标，以讲座、比赛、作品、成果及应用等多种形式展示学生"双创"能力。活动要求形式多样、学生参与度高、有实际应用价值。

9.1.2 创新创业教育本质

创业的本质是创新，创新的本质是改变。改变包括思维意识的改变、实施过程和方式的改变以及成果展现形式的多样性。无论是研究型高校还是应用型高校，创新的本质不会发生改变。创新思维意识体现在人们对待创新的态度上，并以这种态度来规范和调整自己的活动方向。创新意识总是代表着一定社会主体奋斗的明确目标和价值指向性，成为一定社会主体产生稳定、持久的创新需要、价值追求、思维定式以及理性自觉的推动力量，进而唤醒、激励和发挥人的潜在能力。

创业是创新的表现形式，创业不仅是做生意、谋生活，而且是创业者发现和捕获机会，有效地整合自身所拥有的资源，在现有资源基础上对某一领域的理论与实践成果进行改革和创造，进而实现自身价值的行为和过程。大学生创业是一种以在校大学生和毕业大学生的特殊群体为创业主体的创业过程。在目前就业形势相对严峻的情况下，创业是一种比较自由且能够体现主观能动性的职业选择方式。

"双创"教育要在高校里培养学生的创新思维和创新意识，通过学科和专业教育，使学生掌握"双创"的能力，并通过"双创"活动，训练学生发现问题和解决问题的能力，包括思考能力、执行能力、沟通能力、合作能力等。

"双创"教育的本质是培养出未来各个行业领域的领军人物。然而，在实际教育开展过程中，因为未来的不可预见性，高校需要瞄准培养"企业家精神"的这个目标，完善各个教育环节，让学生们明白"企业家"不是遥不可及的，是可以通过学习、锻炼实现的。

"双创"教育是应用型本科高校培养学生解决复杂问题的能力的一个重要途径，是培养应用技术型人才的重要手段。高校要加大"双创"教育的投入力度，设置专门的组织机构，建立和完善"双创"教育基地，让学生能够明白"理论"到"实践"的路径，真正理解社会需要什么人，自己要成为什么人。

9.2 创新创业教育的主要问题及其对策

中国共产党第十五次全国代表大会上提出了《面向 21 世纪教育振兴行动计

划》，指出"在当前及今后一个时期，缺少具有国际领先水平的创造性人才，已经成为制约我国创新能力和竞争能力的主要因素之一"。该计划提出，在高校周围形成高新技术企业群已成为知识经济发展的成功经验，要创造条件在高等学校周围，特别是高等学校集中的地区建立高新技术产业化基地，发展科技园区，使其成为有目的地吸引国外高新技术企业、引进国外高新技术最新成果的窗口，充分发挥科技开发"孵化器"的作用；加强对教师和学生的创业教育，采取措施鼓励他们自主创办高新技术企业。

9.2.1 创新创业教育的主要问题

经过了十几年的发展，部分高校已经有了相对稳定的"双创"教育体系，但仍然有部分高校处在"双创"教育发展的初级阶段，存在目标定位不准确、学科和课程体系不完善、组织机构缺失、教育模式和途径落后等问题，严重束缚了"双创"教育的开展，违背了"双创"教育的本质和内涵，最终导致大学生"双创"意识及能力的缺失。本节列出高校在"双创"教育上普遍存在的问题。

（1）对"双创"教育重视度不够，目标定位不准确。我国高校的"双创"教育远未成为一个独立的教育教学或科学研究领域，在高校中并未成为其培养方案中的一个分支，而仅仅是一个小的课程模块。课程设置随意性较强，承担课程教学任务的许多教师没有经过"双创"的培训，更没有"双创"的经验，完全不能达成教育培养的能力要求。主要原因有两点：一是领导的重视度不够，没有专门的"双创"组织管理部门，而是依托一个行政部门，例如学生处，其大量的日常工作占据了大部分时间，根本不能进行专项研究，更谈不上形成规范的教育体系。二是创新思维理念的缺失，对"双创"教育目标认识不清，定位不准确，认为指导教师讲一讲，学生简单练一练，极少数有能力的学生可以试一试，只是形式上完成国家对"双创"教育的整体要求。

（2）专业教育与"双创"教育两张皮，没有理解产、学、研、用的本质。对于传统本科教育，高校都有完整的培养方案、教育教学和评价体系，这些在"双创"教育中基本处于缺失状态。有的高校认为设置几门与创业相关课程就等同于进行了"双创"教育，不考虑与专业教育体系的融合。很明显，若不形成以

"双创"教育为目标的课程体系，专业教育和"双创"教育就是严重脱节的，用什么能力创业、在什么领域内创业的问题也就永远没有答案。高校教师要深刻理解产、学、研、用的本质，即生产、学习、科学研究、实践运用的系统合作，是技术创新上、中、下游及创新环境与最终用户的对接与耦合，是对产学研结合在认识上、实践上的又一次深化。

（3）"双创"组织能力不足，人力、财力、物力等资源短缺。应用型本科高校学生相比于研究型大学的学生，创造力明显不足，但并不缺少实践能力。"双创"教育与创业相关的教育思维、创业环境、政策制度等多方面相关。高校作为教育的主体，没有设置专门的组织结构、没有独立的师资团队、没有专业的实践平台、不能培养学生的"双创"思维、不能激发学生的创业主动性、不能提供较好的创业环境、不能联合成果应用方共同完成"双创"教育，最终无法构建"双创"教育体系，会严重阻碍大学生"双创"能力的培养。

针对以上应用型本科高校的共性问题，高校应明确目标，制定合理的人才培养计划，不断优化和完善专业教育和"双创"教育的融合教育体系，通过校企合作、产教融合，建设符合新时代发展需求的"双创"教育新模式。

9.2.2 解决创新创业教育问题的对策

高校"双创"教育存在的主要问题，使得"双创"教育环境与要求不匹配、教育机制和体系不完善、"双创"的多方联动机制不健全等。针对上述问题，结合目前高校实际，给出以下几点建议和对策。

（1）转变"双创"教育观念，明确目标，完善教育机制和教学体系。"双创"教育为高校培养创业型人才提供了方向，以最直接的方式服务社会。应用型本科高校在转型发展过程中，要正确、科学地理解和解读"双创"教育，认识到"双创"教育所带来的长远的经济效益和社会效益，结合高校特色专业及学科设置，明确能力目标，配置合适的学习实践环境，融合学科和专业课程体系，建立对应的"双创"课程体系。例如，信息技术相关学科可利用人工智能、大数据分析、物联网应用等多种现代信息技术手段及其成果，通过讲座、比赛、作品展示等多种方式，激发学生兴趣，培养其创新精神。

（2）效仿产教融合模式，健全政府、高校、企业的联动机制。高校在完善自身的同时，应与政府建立健全的协同保障机制。大多数高校的创业环境都存在资源匮乏、经验缺乏等问题，需要政策上的支持，以通过多种方式整合资源，改善环境。政府应建立相应的制度，形成多方参与的责任运行体制，保障大学生创业者能获得相应的资源和机会。高校应在政府政策的支持下，制定符合在校大学生创业的学习制度。例如，允许在校大学生休学创业，允许创业过程与在校课程进行置换，允许利用互联网等多种高新技术进行学习和考核等。企业在条件允许的情况下，应为大学生创业者提供多元化的资金募集机制，例如，投资方可放宽小额贷款的条件，对利息和税费给予相应的减免，成立创业基金会，发动社会力量帮助创业者融资等。

（3）多方参与孵化基地的建设，为大学生搭建各式各样的实践平台。实践能力的培养是"双创"教育中非常重要的一环，而实践能力的提升主要通过实践平台来实现。实践平台可以是孵化基地、企业实习实训基地、产教学院等任何形式，它使学生有更多机会参与各种各样的科技竞赛、创新科技项目及其他的实践活动，或者在学校、企业的指导教师的指导下模拟创业，更好地理解创业的本质，并在实践的过程中找到未来人生的发展方向。建立健全"双创"实践平台不是学校一方的责任，需要政府、企业以及社会等多方参与，并形成相互联动、助力机制。

（4）建立专业"双创"教育师资团队，满足学生实际创业指导需求。目前摆在各大高校面前的一大难题是没有专业的"双创"教学团队，有的学校是学生处、教务处、就业处以及各院辅导员机构派出一些教师参加相关培训，然后成为"双创"指导教师。这些教师对创业没有丝毫经验，无法承担如此重任。"双创"教育不单单是某一门新课程，而是一门新学科、一个新课程体系。学校应该也必须花大量的精力在"双创"教育的师资队伍建设上。例如，聘请创业成功人士做兼职教师、聘请行业成功人士开展讲座、带领学生定期参加创业"大咖"会、定期给教师团队进行师资培训等，以多种方式加强师资团队建设，要打造专业团队，而不是拼凑教师队伍。

（5）建设"双创"教育优质在线开放课程和"专创融合"特色示范课程。各高校应结合本校学科专业优势和特色，充分利用现代信息技术，整合"双创"优质教育资源，积极推动高水平教师领衔打造"双创"线上"金课"。积极优化专业课程设置，挖掘和充实各类专业课程的"双创"教育资源，将专业知识传授与"双创"能力训练有机融合，提升学生的专业研发兴趣和能力，为学生开展基于专业的"双创"活动夯实基础。

应用型本科高校应根据自身实际情况，科学、合理地制定"双创"教育规划，设置完整的教育课程体系，在专业中提升学生的"双创"能力，在课程体系中完成不同阶段目标，避免纸上谈兵。

9.3 创业模式

创业模式是指创业者为保障自身的创业理想与权益，对各种创业要素进行的合理搭配。创业的组织形式、创业的方式、创业的行业选择组成了创业模式。

2020年11月，教育部高教司司长吴岩在介绍第六届中国国际"互联网+"大学生"双创"大赛有关情况时指出："建基地把样板树起来，定标准把质量立起来，抓课程让根基强起来，强师资让结构优起来，推政策让活力热起来，强实践把能力提起来，已成为教育部深化高校'双创'教育改革的六大举措。"

随着应用型高校的转型发展，"双创"教育逐步得到重视，部分大学生开始根据自身情况选择合适的创业模式，使得自主创业初见成效。大学生的创业模式是在大学生特有的条件的基础上，为达成自身的创业目标，把各种有利的创业因素进行整合搭配，最终形成的一种组合。因此，大学生的创业模式不是一成不变的，它会随着高校水平的提升，创业政策、环境的改变而进行重新排列和组合，会不断出现新的创业模式。目前，我国大学生常见的几种创业模式如下。

（1）独立自创模式。独立自创模式是指大学生个人或者团队白手起家，完全独立创业的一种模式。在这种创业模式中，项目的选取、策划、宣传、运营和管理都是由创业者自行设计和执行的。该模式对创业者及其团队的素质要求较高，如果从事的是科技类创业项目，更要求团队有较强的科学技术开发能力。也正是因为对创业团队的基本素质能力要求较高，项目的选取不是跟风，有较强的理论和实践依据，所以通过团队自身的积累和摸索，具有一定的成功率。

（2）加盟连锁模式。加盟连锁模式需要向加盟商支付一定的加盟费，按照加盟品牌的经营和管理方式，通过品牌方的业务指导和支持，直接参与项目的运营。该模式的优点是可以分享成功企业的经营方式和得到一定的资源支持，学习成本低、风险小，容易管理。但是，市场上的品牌商多而杂，需要认真考察和筛选。尤其是销售类项目，对于非专业领域的大学生来说，并不是初次创业的好选择。所以，如果资金充裕，想快速体验创业过程，可以在充分的市场调研基础上，选择较好口碑的加盟商，成功率较高。

（3）收购模式。收购模式是指收购现有的企业，在现有的团队基础上运营管理。该模式的优点在于有一个已经运营较好、管理较成熟的企业。如果该企业的业务也相对稳定，将是一个比较好的选择。但是，该模式成本较高，对于刚刚走向社会的大学生来说，不是很现实。

（4）分化拓展模式。分化拓展模式是指大学生首先加入某知名企业，并成为该企业的骨干员工，再利用企业内部创业的机会来实现自己创业理想的行为。该模式对一些品学兼优或者有特殊专长的大学生来说，将是一个比较好的选择。大学生可以迅速成为公司的骨干，当公司恰好准备变更或重塑公司的主要方向而建立分公司时，其可通过内部应聘成为新公司的负责人。这些大学生经过适当的打磨和锻炼，当有机会自己创业的时候，就可以利用之前积累的经验和关系，快速实现创业理想。该创业模式风险较小，成功率较高。

（5）专业化模式。专业化模式是创业者将自己的专业特长或技术发明直接转化为生产力的方式，完全属于知识技术型创业方式。该模式的优点在于团队技术能力集中、技术资本雄厚。该创业模式主要集中在电子信息、生物技术、高科技农业等技术含量高和知识密集型的行业。该模式的缺点在于技术与风险并存，许多问题不可预见、不可控因素较多，风险相对较高，成功率偏低。所以，选择该模式创业的团队在创业过程中，如果项目选择得较好，会被更好的企业并购，也是一种资金和经验积累的方式，可以为下一轮创业打好基础。

（6）模拟孵化模式。模拟孵化模式是利用学校或者校内、外实习实训基地等资源，建立孵化基地，在基地中进行创业企业的孵化和培育。对于大学生创业者而言，该模式可以降低创业风险、提高创业成功率，帮助创业企业成长和发展。目前，许多高校建立了孵化基地来扶持大学生创业团队，提供必要的软、硬件资源，并通过比赛、实践等多种方式进行项目的孵化。该模式创业风险小、有专业的教师指导和参与，有一定的成功率。

（7）概念创业模式。概念创业是指凭借创意、点子、想法创业。这些创业概念必须标新立异，至少在打算进入的行业或领域是个创举，只有这样才能抢占市场先机，才能吸引风险投资商的眼球。同时，这些超常规的想法还必须具有可操作性和前瞻性，而非天方夜谭。该模式具有点石成金的神奇作用，特别是本身没有很多资源的创业者，可通过独特的创意来获得各种资源。

作为一名大学生创业者，应稳扎稳打、广泛调研，针对不同创业模式各自的特点，选择适合自己自身条件的创业模式，做自己能够获得最多资源并具有核心竞争优势的项目。

9.4 创业指导

9.4.1 政策指导

十年来，教育部相继制定了一系列相关政策，明确深化"双创"教育改革的相关要求。2010年，《教育部关于大力推进高等学校创新创业教育和大学生自主创业工作的意见》中提出，加强创业基地建设，打造全方位创业支撑平台，进一步落实和完善大学生自主创业扶持政策，加强创业指导和服务工作。2012年印发的《普通本科学校创业教育教学基本要求（试行）》要求，在普通高等学校开展创业教育，将创业教育作为高校必修课，出版统一教材，并纳入学校人才培养体系和教育教学评估指标。2015年，国务院办公厅印发《关于深化高等学校创新创业教育改革的实施意见》，明确提出实施弹性学制，放宽学生修业年限，允许调整学业进程、保留学籍休学创新创业。2018年，教育部提出"强化创新创业实践，搭建大学生创新创业与社会需求对接平台"。2019年，教育部提出"建好创新创业示范高校和万名优秀创新创业导师人才库"。2020年，教育部提出"支持和鼓励高校探索'创业型人才'选拔测试工具和方法，通过转专业、辅修等制度，探索开展专业化的'创业型人才'二次选拔培养。"2022年5月，国务院办公厅在《关于进一步做好高校毕业生等青年就业创业工作的通知》中再次强调对高校毕业生自主创业的支持。例如，按规定给予一次性创业补贴、创业担保贷款及贴息、税费减免等政策，政府投资开发的创业载体要安排30%左右的场地免费向高校毕业生创业者提供；允许到本地就业创业的往届高校毕业生、留学回国毕业生及失业青年进行求职登记和失业登记等。所有的政策都指向一个目标：为大学生创业提供一切可能提供的支持。

全国各个省市都认真贯彻相关文件精神，在自己能力范围内优化"双创"环境，积极研究制定和落实支持大学生"双创"的政策措施，及时帮助大学生解决实际问题。

9.4.2 导师指导

在"双创"实践教育中，除了政策、平台、资金等学校方面首要面对的硬件问题，师资是一个需要面对的软件问题。师资团队的水平直接关系到大学生"双创"能力的提升、创业成功的概率。近几年来，各高校也逐步意识到了该问题的重要性，分别在比赛、实践及平时学习生活等环节设置了学业或创业指导教师。

创业指导师，或称创业咨询师，目前在社会上属于非常规职业工种，是由社会上一批活跃在教育、文化、人力、咨询等行业领域的精英人士自发创建的"新时代工种"，致力于为当代青年在创业中提供各种关联业务的咨询、诊断与培训服务。创业指导师的专业性很强，不同于学校设置的学业指导教师，是经过了长期的历练，具有专业创业分析和执行能力的精英人士。

《教育部等部门关于进一步加强高校实践育人工作的若干意见》提出，要鼓励教师增加实践经历，参与产业化科研项目；要积极选派相关专业教师到社会各部门进行挂职锻炼。目前，许多高校教师在社会上有自己的公司和企业，这更便于高校的成果转化。即使一些教师不具备自行创业能力，也可以通过政府、学校、企业多方沟通，为其提供挂职锻炼的机会，进而提高其"双创"的能力。高校自身只能培养学科和专业人才，对于创业人才的培养，必须借助社会力量。要采取地方高校与行业合作、内外结合、专兼结合的方式，培养一批创业者兼学者的优秀教师队伍，不断优化师资力量，强化专业师资队伍，加强高素质高水平教师队伍建设，组建教学团队，形成专业的创业指导教师队伍。

成为一名专业的创业指导教师以后，其指导工作包括如下几个方面。

(1) 课程指导。针对新建地方应用型本科高校，面向全校本科生开设"双创"课程，围绕创业方法论、创业模式、创业领导力等多方面进行主题授课，帮助学生了解"双创"常见模式、过程，掌握基本的创新方法与创业技能。具体教学时，导师应与学生进行创业实训互动，在互动中完成教学目标。另外，导师应注重案例分析，既要选择成功的创业案例，也要讲解失败的创业案例。通过正反案例的对比研究，培养学生对创业中问题的分析与判断能力，以理论讲解和实际案例交叉进行的方式，完善创业教育指导课程。

(2) 实践指导。经过教学课程指导，教师带领学生组建创业团队、选择创业项目、进入实际创业流程。创业团队可以借助学校的政策来组建，发现具有可行性和可操作性的创业项目，积极申请立项，利用学校自己的孵化基地进行培育，待条件成熟后，移植于社会生长。如果学校没有孵化条件，则可以利用学校的校企合作、产业学院等关系，积极联系项目应用行业或企业，多方联动来获取项目培训的资源。这种条件下，对指导教师的要求比较高，其在懂得创业理论知识的同时，还要具备较好的外联能力，能够让项目快速落地。

(3) 创业信息平台构建。创业教育平台能够为创业导师和学生提供一个信息资源共享的平台。平台可以包含项目信息、资源信息、企业信息、比赛信息等多个模块，实现完整的"双创"信息流。高校的创业指导教师团队可以利用学校自身的专业和教师团队，在高校的教务、科研或就业系统上另挂一个接口，也可以另外研发一个管理系统，实现创业信息平台的功能。在平台上，指导教师可以帮助学生筛选与自己构想项目有关的信息和资源，帮助学生快速进入角色，降低准备成本。指导教师也可以通过平台提升个人的研究和实践能力，寻找更多的创业项目和机会。

新建地方应用型本科高校一定要把握地方特色、学科特色和现有资源情况，将"双创"课程系统化、师资培训常态化、比赛讲座普及化、项目管理规范化、基地建设标准化，努力将高校的创业教育人才培养与专业人才培养紧密融合，最大限度地提高培养质量，营造良好"双创"氛围。

9.5 大学生创业服务

创业服务是对创业者提供创业指导、创业咨询、创业帮助的服务模式，是创业企业和创业个人在事业发展中寻求外部支持，减少创业风险，取得成功的重要因素。创业服务不仅仅是提供资金，也不仅仅是帮助销售产品或提供人才，而是对创业者进行分析研究，提出针对性的解决方案，是一种综合性管理和咨询服务。

目前，为大学生提供创业服务的方式主要有以下四种形式。

（1）创业服务网。大学生创业服务网的服务对象是高校大学生，例如全国大学生创业服务网（cy.ncss.cn），它是教育部唯一专门宣传、鼓励、引导、帮助大学生创业的官方网站。国家各个省市均有相关的大学生创业服务网站，为大学生提供尽可能多的帮助。这类网站服务的信息真实可靠，没有多层中间机构的干预，提供的示范案例或激励政策具有较高的参考性和操作性，是大学生创业必不可少的信息平台。

（2）专家服务。地方政府、高校联合企业共同组建大学生创业指导专家团队，邀请知名行业企业家，青年创业带头人，工商、税务、金融等部门资深业务主管，通过交流讨论会、专题项目调研会、评审会、联谊会、大咖会等多种形式，由创业指导专家根据自身技能为创业大学生传授创业知识，并与创业大学生进行互动，帮助创业大学生解决创业过程中遇到的问题。

（3）行政服务绿色通道。地方政府应在行政事务处理上，为大学生创业单独建立绿色通道，简化审批流程，为创业大学生提供全方位、一条龙服务。工商、税务等部门对大学生创业类型进行细致分类，并给予多种减免政策的支持，减少大学生创业的资金压力。

（4）大学生创业孵化基地建设。地方政府和高校自身都要充分发挥大学生创业平台的集聚作用，统一规划并建设一个综合性的孵化基地，基地里的中小型企业可以相互扶持与帮助，并在发展过程中形成集聚效应，便于一些同类型的中小型企业进行合并、重组和改造。

9.6 小结

"双创"教育是高校教育体系的重要组成部分，是深化教育改革的重要载体，是培养创新型人才的重要路径。应用型本科高校应结合自身特色，围绕应用性、地方性、服务性特点，重点在应用中开展"双创"教育工作。

本章围绕应用型本科高校"双创"教育，重点研究了如下内容。

（1）阐述了"双创"教育内涵，从三个维度、三个角色、三个形式来论述"双创"教育目标，分析了"双创"教育本质。

（2）提出了"双创"教育主要面临的问题，包括：重视度不够、目标定位不准确、专业教育与"双创"教育"两张皮"、组织能力不足、资源短缺等共性问题，并对问题进行了详细剖析。

（3）提出了应对"双创"教育现存问题的对策。

（4）列举了七种创业模式，分别是独立自创模式、加盟连锁模式、收购模式、分化拓展模式、专业化模式、模拟孵化模式和概念创业模式，并对各种模式进行了解释说明。

（5）从政策、导师两个角度阐述了创业指导内容。

（6）列举了四种创业服务形式，创业服务网、专家服务、行政服务绿色通道和大学生创业孵化基地建设，并进行了详细的说明。

参考文献

[1] 吕健伟，陈旭远．教师存在的现实困境和理性思考 [J]．东北师大学报（哲学社会科学版），2018（6）：143-148．

[2] 吕健伟，路明，周利海，等．应用型本科高校"双师双能型"教师队伍建设策略探索 [J]．河北环境工程学院学报，2022，32（5）：90-94．

[3] 吕健伟，韩宝军，卢昆，等．应用型高校双创教师教学能力提升策略研究 [J]．河北能源职业技术学院学报，2021，12（4）：9-11．

[4] 刘佳，陈琦，刘琳，等．应用型高等院校产教融合深度分析 [J]．河北能源职业技术学院学报，2020，20（2）：1-2，6．

[5] 王颖，刘佳，申雨璇．搭建人才成长"立交桥"高职与应用型本科教育衔接初探：以河北环境工程学院为例 [J]．河北能源职业技术学院学报，2017，12（4）：11-15．

[6] 王颖，杜洁．"双创"教育与园林实践教学深度融合路径探究 [J]．河北环境工程学院学报，2023，33（2）：91-94．

[7] 王颖，陈伟，林琢．"新工科"背景下应用型本科院校复合型人才培养探索与研究 [J]．科学大众（科学教育），2018（11）：155，177．

[8] 陈伟．分段/分级模块化－自主学习的教学模式的探索与实践 [J]．教学研究，2015，38（2）：27-30，58．

[9] 陈伟．计算机专业课程柔性教学的探索与实践 [J]．教学研究，2013，36（3）：89-91．

[10] 陈伟，张芳．高职院校模块化、强化式教学的探索与实践 [C]//Southern Illinois University Carbondale，National University of Singapore. Advances in Artificial Intelligence：Proceedings of 2011 International Conference on

Management Science and Engineering. Engineering Technology Press，2011：47-50.

[11] 陈伟，刘佳，陆琳琳. OBE 视角下"数据库原理与应用"课程的教学探索与实践 [J]. 教师，2021（34）：95-96.

[12] 陈伟，刘佳，李淑芳.《操作系统》课程思政教学的探索与实践 [J]. 科技信息，2021（11）：11-12.

[13] 李均，何伟光. 应用型本科大学 40 年：历史、特征与变革 [J]. 南京师大学报（社会科学版），2018（5）：43-49.

[14] 肖国安. 准确定位突出特色：应用型工科大学办学思考 [J]. 高等工程教育研究，1998（1）：31-34.

[15] 龚震伟. 应用型本科应重视创造性的培养 [J]. 江南论坛，1998（3）：41.

[16] 程勉中. 谈应用型工程本科的改革思路 [J]. 吉林教育科学，1998（9）：34-38.

[17] 陈运本. 应用型本科高校师资队伍建设刍议 [J]. 盐城工学院学报（社会科学版），2006（3）：81-83.

[18] 金心，孙钦荣. 关于应用型本科高校师资队伍建设若干问题的思考 [J]. 常州工学院学报（社会科学版），2005（1）：117-120.

[19] 探索应用型大学建设的中国方案 [EB/OL].（2020-02-04）[2022-5-10].https：//baijiahao.baidu.com/s?id=1657564086960834826&wfr=spider&for=pc.

[20] 应用型高等教育 [EB/OL].（2021-11-22）[2022-5-10]. https：//baike.baidu.com /itemitem/ 应用型高等教育 /23441775?fr=aladdin.

[21] 白政民. 应用型本科院校"双师型"师资队伍建设的探索与实践 [J]. 内江科技，2007（3）：16，28.

[22] 詹学文，詹秋文. 地方应用型本科高校师资队伍建设研究 [J]. 黄山学院学报，2013，15（4）：102-104.

[23] 陈治强. 应用型地方高校教师转型发展的现实困境与应对策略议 [J]. 教育与职业，2019（14）：74-77.

[24] 邓云川. 教育观念转型：地方本科高校教师转型发展的关键 [J]. 职教通讯，2017（30）：77-80.

[25] 任延延. 论应用型本科高校教师专业发展路径优化 [J]. 教育评论，2019（9）：135-139.

[26] 周卫东. 新建本科院校教师转型发展的推进策略 [J]. 教育评论，2018（2）：107-111.

[27] 胡戬. 基于转型背景下地方本科高校师资队伍建设研究 [J]. 常州工学院学报，2020，33（3）：71-74.

[28] 陈玉新，任梦，秦捷. 地方本科高校"双师双能型"师资队伍建设研究 [J]. 大学教育，2017（9）：180-182.

[29] 温潘亚. 新建本科高校应加强"双师型"师资队伍建设 [J]. 中国高等教育，2017（增刊3）：63-65.

[30] 阙明坤. 教师转型：应用型本科院校高质量发展的关键 [J]. 中国高等教育，2022（23）：31-33.

[31] 梁晓航. 应用型本科院校校外实习实训基地管理现状探析 [J]. 中国现代教育装备，2023（1）：60-62.

[32] 朱静，沈国良，徐铁军，等. 培养应用型本科人才建设校内实习实训基地 [J]. 化工时刊，2019，33（3）：55-57.

[33] 曹军卫，侯汉娜. 应用型大学实习实训基地建设基础初探：以武汉东湖学院生物技术本科专业为例 [J]. 湖北第二师范学院学报，2016，33（8）：103-106.

[34] 张昌发. 应用型本科高校实训基地建设探讨 [J]. 科技风，2018（27）：256.

[35] 吴东姣. 以学科建设推动人才、创新、科技工作新发展 [EB/OL].（2023-02-17）[2023-05-07]. https：//www.cssn.cn/zzx/zzx_bjtj/202302/ t20230217_5588959.shtml.

[36] 李言荣. 优化学科专业结构，增强教育服务创新发展能力 [EB/OL].（2021-06-16）[2023-05-07]. http：//www.rmzxb.com.cn/c/2021-06-16/ 2881963.shtml.

[37] 钱锋. 构建需求导向、错位发展的学科专业体系. 优化学科专业结构，增强教育服务创新发展能力 [EB/OL].（2021-06-16）[2023-05-07]. http：//www.rmzxb.com.cn/c/2021-06-16/2882022.shtml.

[38] 段红红. 地方高校学科建设路径探索 [J]. 世纪桥，2012（13）：92-93.

[39] 周美娟，饶丽娟，黄大乾. 应用型本科高校学科建设的多重制度逻辑分析 [J]. 广东技术师范大学学报，2021，42（1）：1-8.

[40] 武贵龙. 服务于高水平科技自立自强，行业特色型高校须凝练建设方向 [EB/OL].（2023-04-11）[2023-06-02]. https：//baijiahao.baidu.com/s?id=1762826989696584146&wfr=spider&for=pc.

[41] 钱晓辉，葛少卫."双一流"建设背景下行业特色研究型大学创新发展研究 [J]. 南京航空航天大学学报（社会科学版），2023，25（1）：117-121.

[42] 陈鸿海，王章豹. 我国行业特色型大学发展面临的困境与的对策 [J]. 国家教育行政学院学报，2013（6）：32-36.

[43] 杨娟. 新媒体时代背景下应用型本科思政课程与课程思政的关系辨析 [J]. 当代教研论丛，2023，9（6）：104-107.

[44] 李安冬，王银思."大思政"视域下课程思政建设实践路径研究：以燕山大学机械工程学院为例 [J]. 教育教学论坛，2023（20）：127-130.

[45] 廖文蓉，陈峰. 高职课程思政与专业教学的"三融三构"策略研究 [J]. 长江工程职业技术学院学报，2023，40（2）：51-54，63.

[46] 易晓春，康明已. 高校工科专业课程思政存在的问题与改进路径探究 [J]. 武汉船舶职业技术学院学报，2023，22（2）：36-39.

[47] 钱锋. 高等教育学科体系：可构筑学科动态调整机制 [EB/OL].（2022-03-08）[2022-10-23]. https：//baijiahao.baidu.com/s?id=1726708819278214355&wfr=spider&for=pc.

[48] 赵惠霞. 整合聚集优势学科，构建高质量内涵式发展格局 [EB/OL].（2022-07-29）[2022-10-23]. https：//www.zhongzhao.org.cn/news/show-50364.html.

[49] 应用型本科课程建设 [EB/OL].（2021-06-07）[2023-2-23].https：//www.

renrendoc.com/paper/132281353.html.

[50] 创新创业 [EB/OL]. [2023-3-21]. https：//baike.baidu.com/item/ 创新创业/708490?fr=aladdin.

[51] 打造富有活力的高校创新创业支持体系 [EB/OL].（2022-04-08）[2022-09-13]. https：//baijiahao.baidu.com/s? id=1729505111298838645 &wfr=spider&for=pc.

[52] 秦一鸣. 我国应用型高校课程建设研究 [D]. 上海：华东师范大学，2021.

[53] 陈治亚，郝跃. 行业特色型高校建设世界一流大学与学科的思考，行业特色型高校建设世界一流大学与学科的思考 [EB/OL].（2015-11-04）[2023-06-30]. https：//news.xidian.edu.cn/info/1002/25623.htm.

[54] 行业特色型高校建设"双一流"的思考 [EB/OL].（2015-12-07）[2023-06-30]. http：//wap.moe.gov.cn/jyb_xwfb/s5148/ 201512/t20151207_223342.html.

[55] 做行业高峰的"攀登者"：高水平行业特色型大学高质量发展探索 [EB/OL].（2022-08-29）[2023-06-30]. https：//baijiahao.baidu.com/s?id=1742481189833309371&wfr=spider&for=pc.

[56] 陈峰. 行业特色高校如何创新发展 [EB/OL].（2019-04-15）[2023-06-30]. https：//ghc.xust.edu.cn/info/1032/5765.htm.

[57] 雷朝滋：新时代新阶段高校科技创新高质量发展 [EB/OL].（2020-12-11）[2023-06-30]. https：//www.cahe.edu.cn/site/content/13782.html.

[58] 曹淑敏. 把思想政治工作贯穿教育教学全过程 [EB/OL].（2021-11-19）[2023-2-23].https：//baijiahao.baidu.com/s?id=1716803959295632790&wfr=spider&for=pc.

[59] 卜晓梅. 深入学习贯彻党的二十大精神丨以"双创"教育为创新发展蓄势聚能 [EB/OL].（2023-05-02）[2023-06-30].http：//app.cbsxf.cn：8080/news/rdxwlb/234702.jhtml.

[60] 刘洁，寇明婷. 深化产教融合，做大做强做优数字经济 [EB/OL].（2022-03-25）[2022-10-30]. https：//m.gmw.cn/baijia/2022-03-25/35612423.html.

[61] 李增军. 产业学院：产教融合新平台 [EB/OL]. （2022-03-22）[2022-10-30]. https：//baijiahao.baidu.com/s?id=1727960440157282955&wfr=spider&for=pc.

[62] 刘志勇. 中国特色现代大学制度的内涵解析 [J]. 黑龙江教育（理论与实践），2018（9）：7-8.

[63] 张俊宗. 坚持和完善中国特色现代大学制度 [EB/OL]. （2017-12-26）[2022-10-30]. https：//baijiahao.baidu.com/s?id=1587808268291626629&wfr=spider&for=pc.

[64] 现代大学制度 [EB/OL]. （2022-10-28）[2022-10-30]. https：//baike.baidu.com/item/ 现代大学制度 /7689738.

[65] 黄娅，孙盼科，金衍，等. 高水平行业特色型大学"双一流"科技创新特色发展路径探索：以中国石油大学（北京）为例 [J]. 科教文汇（下旬刊），2019（36）：4-7.

[66] 赵沁平. 发挥行业特色高校优势 为行业科技进步做出更大贡献 [J]. 中国高校科技与产业化，2005（5）：48-50.

[67] 赵沁平. 发挥特色学科优势 更多承担行业科技进步重任 [J]. 中国高等教育，2004（23）：5-6.

[68] 刘向兵. "双一流"建设背景下行业特色高校的核心竞争力培育 [J]. 中国高教研究，2019（8）：19-24.

[69] 陈文相，林芳. 行业特色型高水平大学协同创新模式实践：以农林高校为例 [J]. 价值工程，2019，38（36）：58-60.

[70] 周南平，蔡媛梦. "双一流"建设中地方行业特色型高校的发展思考 [J]. 江苏高教，2020（2）：49-54.

[71] 卢文忠，周亚君. 行业特色高校核心竞争力提升的路径选择：基于 SWOT 的分析 [J]. 理工高教研究，2008（5）：61-64.

[72] 张来斌. 高水平行业特色型大学"双一流"建设要把握好三对关系 [J]. 高等工程教育研究，2018（6）：92-95.

[73] 祝贺. 行业特色高校土木工程学科建设服务行业与地方经济发展的思考 [J].

科技视界，2019（33）：109-110.

[74] 陈大胜 ."双一流"建设视域下行业大学如何推进跨学科学术组织变革 [J]. 江苏高教，2020（11）：61-65.